Dr. Illya Kozyrev

Deutsch als Fremdsprache

Mein Weg zur Grammatik - B2

Übungen zur Grammatik B2

Bibliografische Information der Deutschen Nationalbibliothek: Die Deutsche Nationalbibliothek verzeichnet diese Publikation in der Deutschen Nationalbibliografie; detaillierte bibliografische Daten sind im Internet über http://dnb.dnb.de abrufbar.

Herstellung und Verlag:
BoD – Books on Demand, Norderstedt

ISBN 9 783 749 435 050

Automatisierung der grammatikalischen Formen

*****

Der Weg zum Erfolg in Ihrer Sprachprüfung

Inhaltsverzeichnis

Übung 1   Ergänzen Sie die Sätze im Perfekt mit ‚haben' oder ‚sein' wie im Beispiel:

Ich _____ um 8.00 Uhr _____ (aufwachen).
Ich bin um 8.00 Uhr aufgewacht.

1. Gestern _____ ich Thomas _____ (anrufen) und wir _____ einen Termin _____ (ausmachen).

2. Ich _____ mich mit Julia _____ (treffen) und wir _____ zusammen in die Disco am Rudolfplatz _____ (gehen).

3. Ich _____ mich gestern den ganzen Abend auf die Prüfung _____ (vorbereiten) und _____ viele neue Wörter _____ (lernen).

4. Tobias _____ fünf Jahre lang in München _____ (studieren) und zwei Jahre in Köln _____ (promovieren).

5. Wir _____ günstige Tickets im Internet _____ (finden) und _____ sie sofort _____ (bestellen).

6. Werner _____ sich lange für Politik _____ (engagieren) und _____ einer Partei _____ (beitreten).

7. Ich _____ todmüde in Bonn _____ (ankommen), _____ ein Taxi _____ (nehmen) und _____ nach Hause _____ (fahren) .

8. Ich _____ einen neuen Vertrag bei einer Telefongesellschaft _____ (abschließen) und _____ ein neues Handy _____ (erhalten).

9. Wir _____ ein falsches Zimmer im Hotel _____ (bekommen) und wir _____ uns sofort bei der Rezeption darüber _____ (beschweren).

10. Ich _____ in die Sprachschule _____ (fahren) und _____ mich über die neuen Kurse _____ (informieren).

11. Elke _____ in der Zahnarztpraxis _____ (anrufen) und _____ einen Termin für professionelle Zahnreinigung _____ (ausmachen).

12. Jens _____ sich im neuen Fitnessstudio nach den Vertragsbedingungen _____ (erkundigen) und _____ den Mitgliedsvertrag _____ (unterschreiben).

13. Wir _____ ganz spät in Chemnitz _____ (ankommen) und _____ mit dem Bus nach Hause _____ (fahren).

14. Meine Oma _____ eine Woche lang krank _____ (sein) und ich _____ sie am letzten Freitag _____ (besuchen).

15. Wir _____ eine Stunde lang mit unserem Opa _____ (skypen).

16. Ich _____ das ganze Wochenende lang für mein neues Projekt mit Google _____ (recherchieren).

17. Herr Müller von der dritten Etage _____ sich bereits zwei Mal über die neuen Nachbarn bei der Hausverwaltung _____ (beschweren).

18. Bei der letzten Eigentümerversammlung _____ wir viele wichtige Themen _____ (besprechen).

19. Ich _____ beim zuständigen Finanzamt eine Verlängerung der Abgabefrist meiner Steuererklärung _____ (beantragen).

20. Am letzten Wochenende _____ erneut Tausende gegen die aktuelle Steuerpolitik _____ (protestieren).

21. Ich _____ mich immer gern mit meinen alten Nachbarn _____ (unterhalten).

22. Seine ehemalige Chefin _____ ihm leider eine Absage _____ (erteilen).

23. Wir _____ alle Zahlen im neuen Bericht mehrmals _____ (durchgehen).

24. Er _____ die ganze Nacht nicht mal für eine Stunde _____ (einschlafen).

25. Wir _____ uns zu einem Abendessen _____ (verabreden).

26. Mit so vielen Gästen _____ wir ehrlich gesagt nicht _____ (rechnen).

27. Sabine _____ sich nach zehn Jahren von ihrem Mann _____ (trennen).

28. Ich _____ mich nach der Abfahrt des nächsten ICEs nach München _____ (erkundigen).

29. Um die Karten zum Oktoberfest _____ sich Maximilian bereits im Mai _____ (kümmern).

30. Unser Chef _____ uns über die neuen Regeln in unserer Firma per Mail _____ (benachrichtigen).

Übung 2   Ergänzen Sie im Nominativ, Dativ oder Akkusativ. (Teil 1)

1. Ich telefoniere mit mein_____ Freund aus _____ Ukraine.
2. Ich spreche mit mein_____ Freundin aus _____ Iran.
3. Ich chatte mit mein_____ Kollegin aus _____ Schweiz.
4. Das ist ein_____ Mann aus _____ Irak.
5. Das ist ein_____ Frau aus _____ Türkei.
6. Das ist ein_____ Politiker aus _____ Slowakei.
7. Ich spreche mit mein_____ Bruder über _____ Film.
8. Ich war gestern mit mein_____ Schwester i___ Kino.
9. Ich war am letzten Wochenende mit mein_____ Eltern in ein_____ Eiscafé.
10. Ich fahre mit _____ U-Bahn zu___ Hbf.
11. Ich fahre mit _____ Auto in___ Parkhaus.
12. Wir fahren mit _____ Taxi zu___ Flughafen.
13. Ich komme aus ein_____ Dorf und meine Chefin kommt aus ein_____ Stadt.
14. Wie ist das Wetter in _____ Türkei? – In _____ Türkei ist das Wetter immer gut.
15. Wie ist das Wetter in _____ Ukraine? – In _____ Ukraine ist es regnerisch.
16. Nach _____ Arbeit gehe ich in___ Museum.
17. Nach _____ Büro gehe ich in _____ Supermarkt.
18. Nach _____ Abendessen gehen wir in _____ Disco.
19. Nach _____ Kino gehen wir in _____ Disco.
20. Ich gehe mit mein_____ Tochter in _____ Park.
21. Ich bringe mein_____ Sohn in _____ Kindergarten.
22. Seine Eltern sind jetzt i___ Taxi und fahren in___ Krankenhaus.
23. Er geht heute Nachmittag mit sein_____ Sohn in___ Museum.
24. Er ist jetzt mit sein_____ Sohn _____ Museum.
25. Er geht zu___ Arzt, zu___ Apotheke, zu___ Masseur.
26. Du wartest auf d_____ Bus, auf _____ Zug, auf d_____ Bahn.
27. Wir fahren mit _____ Zug in _____ Schweiz.
28. Er fliegt mit sein_____ Familie in _____ Türkei.
29. Du spielst mit dein_____ Hund i___ Garten.

Übung 3   Ergänzen Sie den Artikel im Dativ oder Akkusativ. Vergessen Sie nicht dazu die richtige Frage zu stellen: Wo? oder Wohin?

1. Das Buch liegt auf _____ Tisch. Ich lege das Buch auf _____ Tisch.
2. Der Hund liegt unter _____ Tisch. Ich lege sein Spielzeug unter _____ Tisch.
3. Die Vase steht auf _____ Tisch. Ich stelle die Vase auf _____ Tisch.
4. Die Blumen stehen in _____ Vase. Ich stelle die Blumen in _____ Vase.
5. Das Handy liegt auf _____ Tisch. Ich lege das Handy in _____ Tasche.
6. Die Brille liegt auf _____ Regal. Ich lege die Brille in _____ Schublade.
7. Der Lippenstift liegt auf _____ Nachttisch. Ich lege den Lippenstift in _____ Tasche.
8. Die CD liegt auf _____ Schreibtisch. Ich lege die CD auf _____ Esstisch.

9. Das Bild hängt an _____ Wand. Ich hänge das Foto an _____ Wand.

10. Die Werbung hängt an _____ Wand. Ich hänge die Wohnungsanzeige an _____ Wand.

11. Die Katze liegt auf _____ Sofa. Ich lege die Katze auf _____ Boden.

12. Ich stelle das Sofa an _____ Wand. Das Sofa steht an _____ Wand.

13. Ich hänge unser Familienfoto an _____ Wand. Das Familienfoto hängt an _____ Wand.

14. Ich stelle die Schuhe vor _____ Tür. Die Schuhe stehen vor _____ Tür.

15. Mein Terminkalender liegt auf _____ Schreibtisch. Ich lege meinen Terminkalender auf _____ Schreibtisch.

16. Der Schlüssel steckt i___ Schloss. Ich stecke den Schlüssel in _____ Schloss.

17. Meine Fahrkarte liegt auf _____ Kühlschrank. Ich lege meine Fahrkarte in _____ Schublade.

Übung 4   Welcher, welche, welches, welchem, welchen? - Ergänzen Sie die Sätze.
             Beispiel: Mit welch**em** Freund sprichst du? – Mit dies**em.**

1. Mit welch_____ Mann telefonierst du? - Mit dies_____ .

2. Welch_____ Mann hast du dein Handy gegeben? - Dies_____ .

3. Aus welch_____ Land kommst du? - Aus dies_____ .

4. Mit welch_____ Kollegin telefonierst du? - Mit dies_____ .

5. In welch_____ Stadt wohnst du? - In dies_____ .

6. Über welch_____ Film sprichst du? - Über dies_____ .

7. Über welch_____ Freund ärgerst du dich? - Über dies_____ .

8. Mit welch_____ Bus bist du gekommen? - Mit dies_____ .

9. Welch_____ Auto hast du? - Dies_____ .

10. Aus welch_____ Stadt kommt dein Schwager? - Aus dies_____ .

11. Welch_____ Freundin schenkst du diesen wunderschönen Blumenstrauß? - Dies_____ .

12. Durch welch_____ Park gehst du spazieren? - Durch dies_____ .

13. In welch_____ Semester studierst du? - Im fünften.

14. Mit welch_____ Fluggesellschaft fliegst du? - Mit die_____ italienischen.

15. Gegenüber welch_____ Bank befindet sich dein Büro? - Gegenüber die_____ großen Bank.

Übung 5   Ergänzen Sie die Sätze mit einem dieser Verben im Konjunktiv:
             sein/werden/sollen/haben/müssen/können.

1. Wenn ich jetzt 17 Jahre alt w_____ , w_____ ich nach Spanien auswandern.

2. W_____ Sie so nett mir zu helfen?

3. Du s_____ mehr Zeit mit deinem Kind verbringen.

4. Ich w_____ gern ein Superstar.

5. Wenn ich viel Geld h_____ , m_____ ich nicht so viel arbeiten.

6. H_____ du heute Abend Zeit, um mir zu helfen? Es w_____ sehr nett von dir.

7. Für die Liebe w_____ ich für vieles bereit. Ich w_____ sogar ins Ausland umziehen.

8. W_____ Sie so freundlich, mir mit dem Kinderwagen zu helfen?

9. Wenn ich es k_____ , w_____ ich allen armen Menschen helfen.

10. Es w_____ so wunderschön, einmal im Leben Prinz Karneval im Kölner Karneval zu sein.

11. W_____ du bereit, für die Karriere auf die Familie zu verzichten?

12. W_____ ich weniger Süßigkeiten essen, m_____ ich nicht so viel Sport treiben und ich w_____ dann nicht so dick.

Übung 6   Ergänzen Sie die Sätze mit Präpositionen.

1. Man rechnet Deutschland _____ den größten Industrienationen.

2. Wir beginnen die heutige Sitzung _____ der Verlesung des Protokolls.

3. Man zählt München _____ den schönsten Städten Europas.

4. Frau Sievert entschuldigt sich _____ ihren Nachbarn _____ den Krach.

5. Herr Wolters, ich möchte Sie _____ den wichtigen Termin heute Nachmittag erinnern.

6. In meiner Familie glauben alle _____ Gott.

7. Ich halte Frau Schöpfel _____ eine kreative Person.

8. Meine Katze fürchtet sich _____ Hunden.

9. Die Europäer glauben _____ den Fortschritt und eine weitere Entwicklung.

10. Interessieren Sie sich _____ die mittelalterliche Geschichte?

11. Frau Schmitz leidet _____ einer chronischen Krankheit.

12. Mein Eis riecht _____ Vanille und Schokolade.

13. _____ deine blöden Witze kann ich nicht lachen.

14. Unsere Wirtschaft profitiert _____ unserer nachhaltigen Politik.

15. Ich habe Herrn Müller _____ den Chef der Firma gehalten.

16. Meine Eltern halten mich _____ faul. Das stimmt aber nicht.

17. Unsere Bundeskanzlerin kämpft _____ die Rechte der Frauen.

18. Kinder sollten sich schon früh _____ Ordnung gewöhnen.

19. Wir freuen uns schon _____ die nächste Reise nach Salzburg.

20. Der Tourist fragte mich _____ dem Weg zum Dom.

21. Menschen in Krisengebieten hoffen _____ schnelle Hilfe.

22. Meine Frau interessiert sich _____ Antiquitäten.

23. Frauen kämpfen schon lange _____ die Gleichberechtigung.

24. Minderheiten kämpfen _____ Intoleranz.

25. Die Schüler protestieren _____ die Schulpolitik.

26. In diesem Film geht es _____ die Liebe.

27. Meine Frau zweifelt _____ meiner Ehrlichkeit.

28. Wir sprechen _____ unseren Eltern _____ die nächste Geburtstagsparty.

29. Eine gute Sonnenbrille schützt die Augen _____ UV-Strahlung.

30. Die Uniklinik spezialisiert sich _____ verschiedene Krankheiten.

31. Simone hat sich _____ ihrem untreuen Mann getrennt.

32. Christian zweifelt _____ der Ehrlichkeit seiner Schwester.

33. Es kommt jetzt _____ schnelle Hilfe an.

34. Nach dem Fußballspiel kam es wiederholt _____ Krawallen.

35. Wir suchen schon lange _____ einer neuen Wohnung.

36. Wir wundern uns oft _____ unsere Nachbarn.

37. In diesem Gedicht geht es _____ die Liebe.

38. Wir lachen immer _____ unsere süße Katze.

39. Ich kann mich immer _____ meine Freunde verlassen.

40. Ich kann mich nicht _____ die deutsche Küche gewöhnen.

41. Ich danke Ihnen _____ das tolle Geschenk.

42. Ich bedanke mich _____ meinen Schwiegereltern _____ das schöne Geschenk.

43. Man sollte Orchideen _____ Kälte schützen.

44. Lieber Herr Schmitz, unser Hotel möchte sich _____ Ihnen _____ dieses Missverständnis entschuldigen.

45. Ich muss oft _____ meine Familie in meiner Heimat denken.

46. Mein Sohn interessiert sich _____ Computerspiele.

47. Ich suche seit zwei Monaten _____ einer Wohnung im Zentrum von Nürnberg.

48. Ich freue mich sehr _____ den nächsten Urlaub. Diesmal geht es nach Spanien.

49. Peter bedankt sich _____ seinen Kollegen _____ die schöne Zeit in der Firma.

50. Ich verabschiede mich _____ meinen Eltern, weil ich morgen für ein halbes Jahr nach Australien gehe.

51. Wir diskutieren oft _____ unserem Lehrer _____ die Kultur des Landes.

52. Ich kümmere mich _____ meine kranke Oma.

53. Ich interessiere mich _____ deutsche Literatur.

54. Kann ich dich _____ einen Gefallen bitten?

55. Meine Freundin kann sich einfach nicht _____ das deutsche Essen gewöhnen.

56. Du musst dich unbedingt _____ deinen Nachbarn _____ den Lärm entschuldigen.

57. Elke sorgt sich _____ ihre berufliche Perspektive.

58. Ich denke oft _____ meine Zukunft nach.

59. Meine Frau kann _____ ihr Auto nicht verzichten.

60. Wie hat deine Schwiegermutter _____ deinen Vorschlag reagiert?

61. Sie müssen sich mehr _____ Ihre Karriere konzentrieren.

62. Ich unterhalte mich ungern _____ Politik.

63. Ich verabschiede mich ungern _____ meinen lieben Kollegen.

64. Wir lachen immer _____ unseren dicken, faulen Hund.

65. Der gutaussehende Spanier fragte mich _____ dem Weg zum Schloss Nymphenburg.

Übung 7   Ergänzen Sie die Aussagen und auch die Fragen der schwerhörigen Oma mit Hilfe von Präpositionen wie im Beispiel:

Ich träume _____ einer schönen Wohnung. - _____ träumst du?
Ich träume von einer schönen Wohnung. - **Wovon** träumst du?
Ich träume _____ meinem Chef. - _____ _____ träumst du?
Ich träume von meinem Chef. - **Von wem** träumst du?

1. Ich träume _____ einem schönen Haus in den Bergen. - _____ träumst du?
2. Sabine sehnt sich _____ ihrem Sohn. - _____ sehnt sich Sabine?

3. Ich warte zu Hause _____ meinen Bruder. - _____ _____ wartest du?
4. Ich warte _____ den ICE. - _____ wartest du?
5. Klaus sehnt sich _____ seiner Heimat. - _____ sehnt sich Klaus?
6. Ich sende einen Brief ____ die Hausverwaltung. - ____ _____ sendest du den Brief?
7. Julia sendet einen Brief ____ ihre Großmutter. - ____ _____ sendet Julia einen Brief?
8. Ich unterhalte mich gern _____ klassische Musik. - _____ unterhältst du dich gern?
9. Du unterhältst dich gern _____ deine Nachbarn. - _____ _____ unterhalte ich mich gern?
10. Ich unterhalte mich gern _____ meinen Nachbarn. - _____ _____ unterhälst du dich gern?
11. Ich unterhalte mich gern _____ meiner lieben Schwiegermutter. - _____ _____ unterhältst du dich gern?
12. Ich spiele gern _____ meinem neuen Handy. - _____ spielst du gern?
13. Stefan achtet sehr _____ seine Schuhe. - _____ achtet Stefan sehr?
14. Unsere Politiker engagieren sich _____ die Rechte der Minderheiten. - _____ engagieren sie sich?
15. Ich freue mich _____ den Urlaub im nächsten Sommer. - _____ freust du dich?
16. Ich bewerbe mich ____ einen neuen Job. - _____ bewirbst du dich?
17. Ahmad denkt oft ____ seine Eltern. - ____ _____ denkt Ahmad oft?
18. Wir warten seit 30 Minuten _____ unseren ICE. - _____ wartet ihr?
19. Wir unterhalten uns gern _____ unserem Lehrer _____ Malerei. - _____ wem unterhaltet ihr euch gern und _____ ?
20. Meine Cousine achtet sehr _____ ihren Körper und _____ gesunde Ernährung. - _____ achtet deine Cousine?
21. Ich unterhalte mich gern _____ meinem Schwager. - _____ _____ unterhältst du dich gern?
22. Ich spiele gern _____ meinem neuen Computer. - _____ spielst du gern?
23. Stefan achtet sehr _____ sein Aussehen. - _____ achtet Stefan sehr?
24. Unsere Politiker engagieren sich _____ die Rechte der Frauen. - _____ engagieren sie sich?
25. Ich freue mich _____ den Ausflug zum Schloss Bensberg. - _____ freust du dich?
26. Ich bewerbe mich ____ einen anspruchsvollen Job. - _____ bewirbst du dich?
27. Lorenz denkt oft ____ seine Eltern. - ____ _____ denkt Lorenz oft?
28. Wir warten seit 20 Minuten _____ unseren Zug. - _____ wartet ihr?
29. Wir unterhalten uns gern _____ unserem Lehrer _____ die auswärtige Politik. - _____ _____ unterhaltet ihr euch gern und _____ ?
30. Du denkst oft ____ deine Kinder. - ____ _____ denke ich oft?
31. Meine Oma hat sich immer ____ mich gekümmert. - ____ _____ hat sich deine Oma immer gekümmert?
32. Ich mache mir immer Sorgen ____ die Zukunft meiner Kinder. - _____ machst du dir Sorgen?
33. Ich suche schon sehr lange _____ einer Erklärung für dieses Phänomen. - _____ suchst du so lange?
34. Koffein wirkt sich negativ _____ unser Nervensystem aus. - _____ wirkt sich Koffein negativ aus?
35. Die Firma „LLLL" profitiert _____ den niedrigen Ölpreisen. - _____ profitiert die Firma „LLLL"?

36. Unsere Kommunalpolitiker wenden sich _____ alle Bürger. - _____ _____ wenden sich unsere Kommunalpolitiker?
37. Unsere Universität ist _____ Betriebswirtschaftslehre spezialisiert. - _____ ist deine Universität spezialisiert?
38. Ich kann mich leider _____ diesen alten Film nicht mehr erinnern. - _____ kannst du dich nicht mehr erinnern?

Übung 8   Schreiben Sie Sätze mit „je ..... desto", wie im Beispiel:

Ich arbeite viel / ich verdiene viel Geld
Je mehr ich arbeite, desto mehr Geld verdiene ich.

1. Thomas isst wenig / er wird schlank

_____

2. Du arbeitest fleißig / deine Erfolge sind groß

_____

3. Du lernst viel / deine Note wird gut sein im nächsten Test

_____

4. Er treibt viel Sport / er ist gesund

_____

5. Du reist viel / du siehst viele interessante Orte

_____

6. Ich lerne lange / ich weiß viel

_____

7. Wir reisen viel / wir sehen viel

_____

8. Ich schlafe lange / ich habe viel Energie

_____

9. Ich gehe oft ins Fitnessstudio / ich werde muskulös

_____

10. Dieses Auto fährt schnell / es ist sehr laut

_____

11. Die Ostereier sind bunt / sie sind sehr beliebt

_____

Übung 9   Ergänzen Sie das Relativpronomen.

1. Das ist die neue Kollegin, _____ aus einer renommierten Schule kommt.
2. Das ist der Mann, _____ Hamburg als das Venedig des Nordens bezeichnet.
3. Das ist das Mädchen, _____ sich nie schminkt.
4. Das ist das Haus, in _____ ich seit zwei Jahren wohne.
5. Das ist das Buch, _____ ich gestern gekauft habe.
6. Das Buch, aus _____ ich diese Übung genommen habe, ist empfehlenswert.
7. Die Schülerin, _____ immer am Fenster sitzt, hatte einen Verkehrsunfall.
8. Enrico ist der junge Mann, _____ aus Süditalien kommt.
9. Da drüben steht der Kollege, mit _____ ich gestern telefoniert habe.
10. Kylie Minogue ist die Sängerin, _____ kürzlich in Köln gastierte.
11. Nadine ist die Studentin, _____ sich für deutsche Geschichte interessiert.
12. Das Haus, in _____ ich wohne, ist riesig groß.
13. Die Wohnung, in _____ Natalja wohnt, ist gemütlich.
14. Der ICE, auf _____ ich seit 15 Minuten warte, hat wieder große Verspätung.
15. Die Freunde, mit _____ ich gestern telefoniert habe, wohnen in Dresden.
16. Das Auto, mit _____ ich gerne fahre, gehört meiner Frau.
17. Der Film, von _____ du mir erzählt hast, läuft gerade im Cinedom.
18. Das Hotel, in _____ wir unseren letzten Urlaub verbrachten, ist luxuriös.
19. Das ist der Lehrer, _____ uns immer so viele Hausaufgaben gibt.
20. Das ist der Lehrer, mit _____ wir uns gern über deutsches Brauchtum unterhalten.
21. Die Prüfung, auf _____ wir uns vorbereiten, ist nicht einfach.
22. Die Schule, in _____ wir Deutsch lernen, ist klein, aber gemütlich.
23. Das Thema, mit _____ wir noch Probleme haben, wird gerade behandelt.
24. Der Urlaub, von _____ ich so lange schon träume, findet im Oktober statt.
25. Die Stadt, in _____ wir wohnen, ist groß und schön.
26. Ich freue mich auf den Ausflug, _____ wir am Wochenende machen werden.
27. Der Palast, _____ wir in London gesehen haben, heißt „Buckingham Palace".
28. Das Schloss, _____ wir vorgestern besichtigten, ist „Schloss Oberschleißheim".
29. Der Schriftsteller, über _____ ich eine Sendung gesehen habe, heißt Erich Kästner.
30. Die Arbeitsstelle, um _____ ich mich bewerbe, ist sehr anspruchsvoll.
31. Der Karnevalsverein, in _____ ich Mitglied bin, stammt schon von 1917.
32. Die Organisation, für _____ ich mich engagiere, kümmert sich um Obdachlose.
33. Der Mann, in _____ sich Petra verliebte, heißt Klaus.
34. Der Nachbar, über _____ ich mich immer ärgere, wohnt im vierten Stock.
35. Corinna ist die Schülerin, _____ nie ihre Hausaufgaben vergisst.

Übung 10   Ergänzen Sie die Endungen der Adjektive. Beachten Sie dabei, dass Endungen nur nötig sind, wenn das Adjektiv vor dem Nomen steht.

1. Sein Auto ist schnell_____ , modern_____ und sehr teuer_____ .
2. Ich telefoniere gern mit mein_____ alt_____ Nachbarin.

3. Wenn ich Zeit habe, gehe ich gern in ein_____ klein_____ Park spazieren.

4. Wir sind mit ein_____ italienisch_____ Fluggesellschaft nach Rom geflogen.

5. In Potsdam gibt es nicht nur ein_____ wunderschön_____ Schloss, sondern auch ein_____ groß_____ , alt_____ Park mit ein_____ klein_____ See.

6. Peters neu_____ Wohnung ist klein_____ , aber gemütlich.

7. Das ist ein_____ gut_____ Plan.

8. Deine Ideen sind immer interessant_____ .

9. In dem neu_____ Buch von ein_____ bekannt_____ , deutsch_____ Schriftsteller geht es um ein_____ unglücklich_____ Mann.

10. Der Film ist wirklich interessant_____ .

11. Ludger hat sich ein_____ neu_____ Fahrrad gekauft.

12. Ich fahre ungern mit den neu_____ , schnell_____ Zügen.

13. In den Urlaub nehme ich ein_____ groß_____ Koffer und ein_____ klein_____ Handtasche mit.

14. Auf dem Tisch steht ein_____ schön_____ , antik_____ Vase aus Meißner Porzellan.

15. Ich höre gern ein_____ alt_____ , bekannt_____ Lied von Udo Jürgens.

16. Die Lieder von Udo Jürgens sind melodiös_____ und sentimental_____ .

17. Claudia ist ein_____ nett_____ und hilfsbereit_____ Person.

18. Das ist kein_____ groß_____ Problem.

19. Zum Geburtstag wünsche ich mir ein_____ klein_____ , schwarz_____ Tasche.

20. Im Winter trage ich immer ein_____ warm_____ , dick_____ Jacke und ein_____ kuschelig_____ Schal.

21. Mein Schal ist lang_____ , breit_____ und warm_____ .

22. Katharinas neuer Freund ist sehr sympathisch_____ .

23. Unsere neue Nachbarin hat ein_____ klein_____ , süß_____ Katze.

24. Gestern habe ich ein_____ interessant_____ Ausstellung im neu_____ , groß_____ Museum besucht.

25. Meine Mama hat gestern ein_____ lecker_____ Kuchen gebacken.

26. Die neue Kollegin hat ein_____ klein_____ Nase und schön_____ , blond_____ Haare. Ihre Augen sind blau_____ und sie hat schön_____ , klein_____ Hände.

27. Wir diskutierten gestern über ein_____ alt_____ , bekannt_____ Buch von Thomas Mann.

28. Günther hat ein_____ gemütlich_____ Maisonette im Zentrum von Dresden.

29. Das ist ein_____ nützlich_____ Ratschlag.

30. Ich gehe in ein_____ alt_____ , schön_____ Theater.

31. Er lernt Deutsch in ein_____ groß_____ , privat_____ Schule.

32. Wir haben ein_____ nett_____ , aufmerksam_____ Lehrer.

33. Matthias telefoniert mit sein_____ alt_____ , gut_____ Freund aus Aurich.

34. Wir gehen zusammen in ein_____ groß_____ , schön_____ Park.

35. Thorsten hat ein_____ groß_____ , kuschelig_____ Katze.

36. Ich unterhalte mich gern mit mein_____ lieb_____ , alte_____ Onkel Otto.

37. Ich höre ein_____ alt_____ , bekannt_____ Lied von Nena.

38. Das ist ein_____ lecker_____ , schwäbisch_____ Eintopf.

39. Ich lese ein spannend_____ , bekannt_____ Buch von Theodor Storm.

40. Ich habe ein_____ bombastisch_____ , neu_____ Film von Roland Emmerich gesehen.

Übung 11   Bilden Sie Sätze im Passiv wie im Beispiel.
Beachten Sie die Präsens-, Präteritum- und Perfekt-Formen.

Beispiel: Unser Lehrer hat uns über den Verlauf des Tests informiert.
Wir sind von unserem Lehrer über den Verlauf des Tests informiert worden.

1. Uwe organisiert die nächste Party.

    _____

2. Er entdeckte diesen Tisch bei einem online-Shop.

    _____

3. Elke hat beide Kinokarten gekauft.

    _____

4. Bertolt Brecht schrieb viele Gedichte schon in jungen Jahren.

    _____

    _____

5. Unser Oberbürgermeister organisiert die Bürgerbefragung selbst.

    _____

    _____

6. König Ludwig II. hat dieses schöne Schloss gebaut.

    _____

7. Werner lud mich zur Einweihungsparty ein.

    _____

8. Andreas hat dieses E-bike bestellt.

    _____

9. Wie macht man das?

    _____

10. Wie übersetzt man dieses Wort?

    _____

11. Wir pflegen unsere Oma zu Hause selbst.

    _____

12. Die Firma „NNN" baut das Haus schlüsselfertig.

    _____

13. Stefan hat mich zum Geburtstag eingeladen.

    _____

14. Mein Telefonanbieter hat mir eine seltsame Rechnung gesendet.

_____

_____

15. Unser Lehrer hat heute ein neues grammatikalisches Thema begonnen.

_____

_____

16. Wir haben diese neue Küche komplett im Internet bestellt.

_____

_____

17. Ich habe meine Wohnung immer geputzt.

_____

18. Mein Anwalt hat mich über meine Rechte informiert.

_____

_____

19. Ein großer Verlag hat einen neuen Bildband über die Eifel veröffentlicht.

_____

_____

20. Ein bekanntes Auktionshaus hat ein wunderbares Gemälde für 10 Millionen Euro
    versteigert. _____

_____

Übung 12   Ergänzen Sie die Sätze mit Präpositionen und schreiben Sie die entsprechenden Fragewörter dazu wie in den Beispielen:

bei Sachen: Ich warte _____ den Zug. - _____? (Ich warte auf den Zug. - Worauf?)
bei Personen: Ich warte _____ dich. - _____ _____? (Ich warte auf dich. - Auf wen?)

1. Unsere Gruppe beschäftigt sich heute _____ einem neuen grammatikalischen Thema. -
   _____ ?

2. Mein Hausarzt warnt _____ diesen neuen Tabletten. - _____ ?

3. _____ die hohen Preise bei der Bahn kann man sich nur wundern. - _____ ?

4. Meine Gäste sagen mir, dass sie sich ganz _____ mir richten. - _____ _____ ?

5. ____ der Niederlage im letzten Fußballspiel sind wir alle schuld. - _____ ?

6. Der Fahrgast erkundigt sich _____ der neuen Abfahrtszeit des ICE. - _____ ?

7. Ich fürchte mich _____ der großen Kälte. - _____ ?

8. Werner engagiert sich seit vielen Jahren _____ seinen Karnevalsverein. - _____ ?

9. Die Politiker diskutieren _____ den Bürgern über wichtige Themen. - _____ w____ ?

10. Ich diskutiere ungern _____ die Reformen. - _____ ?

11. Wir diskutieren _____ unserer Hausverwaltung _____ die Erneuerung der Gasleitung. - _____ wem und _____ ?

12. Ich träume _____ einem verlängerten Wochenende, an dem ich die Schlösser des König Ludwig II von Bayern besichtigen kann. - _____ ?

13. Nach dem Abendessen in diesem exotischen Restaurant riecht meine Kleidung _____ unbekannten Gewürzen. - _____ ?

14. Stefan erinnert sich gern ____ seinen Aufenthalt in Hamburg. - _____ ?

15. Eine junge Sängerin aus Düsseldorf nimmt _____ Eurovision Song Contest teil. - _____ ?

16. Meine Mutter interessiert sich _____ Bücher von Erich Kästner. - _____ ?

17. Wir stellen uns _____ gutes Wetter am Wochenende ein. - _____ ?

18. Mein Vater rät mir _____ Kauf dieses alten Autos ab. - _____ ?

19. In einem bekannten Lied von Udo Jürgens geht es _____ Liebe ohne Leiden. - _____ ?

20. Alle Pflanzen tragen _____ der Verbesserung des Klimas bei. - _____ ?

21. Wolfgang engagiert sich schon lange _____ seinen Trachtenverein. - _____ ?

22. Wenn Sie Probleme haben, wenden Sie sich bitte _____ die Beratungsstelle. - ____ wen?

23. Als ich ein Kind war, hat sich meine Oma immer _____ mich gekümmert. - ____ _____ ?

24. Ich wundere mich _____ dein seltsames Verhalten. - _____ ?

25. Meine Schwester sagt, dass ich besser _____ meine Sachen achten muss. - _____ ?

26. Danke für dein Angebot, ich muss da_____ nachdenken. - _____ ?

27. Wenn ich alleine in Urlaub bin, denke ich immer _____ meine Kinder. - _____ ?

28. Unsere Politiker kämpfen _____ mehr Toleranz. - _____ ?

29. Er streitet sich oft _____ seinen Nachbarn. - _____ _____ ?

30. Das Weihnachtsmenü besteht _____ mehreren Gerichten. - _____ ?

31. Du solltest dich gründlicher _____ die Prüfung vorbereiten. - _____ ?

Übung 13   Ergänzen Sie mit Genitiv-Endungen.

1. Ich bewundere gerade das Gemälde ein____ alt____ , bekannt____ italienisch____

   Maler____ .

2. Der Vater mein____ ehemalig____ Schulfreundin____ ist ein guter Orthopäde.

3. Die Mutter mein____ lieb____ Nachbarin____ ist eine wunderbare Köchin.

4. Werner ist das neue Mitglied unser____ Karnevalsverein____ .

5. Herr von Westfalen ist der langjährige Vorsitzende unser____ Partei____ .

6. Frau Schmitz ist die Leiterin mein____ neu____ Schule____ .

7. Am Flohmarkt habe ich die Uniform ein____ alt____ , preußisch____ Offizier____

   gefunden.

8. Im Lied ein____ beliebt____ , italienisch____ Sänger____ geht es um tragische Liebe.

9. In einem Wiener Museum sind die Kleider und der Schmuck ein____ bayerisch____

   Prinzessin____ ausgestellt.

10. In der Kölner Philharmonie werden heute Abend Werke ein____ bekannt____ ,

    russisch____ Komponist____ gespielt.

11. Im Roman ein____ bekannt____ brasilianisch____ Schriftsteller____ wird die

    geheimnisvolle Welt ein____ jung____ Frau offenbart.

12. Im Bericht unser____ ehrgeizig____ Mitarbeiter____ geht es um die verbesserte

    Strategie unser____ neu____ Filiale in der Schweiz.

Übung 14   Ergänzen Sie die Sätze im Genitiv mit ‚wegen' oder ‚trotz' wie im Beispiel:
             Wegen des schlecht**en** Wetter**s** bleiben wir heute zu Hause.

1. _____ alle____ Bemühungen__ d____ Arzt____ konnte man dem Patienten nicht

   helfen.

2. _____ d____ laut____ Musik__ aus der Wohnung der Geissens können wir nicht

   einschlafen.

3. _____ d____ zentral____ Lage__ unser____ Wohnung__ ist unsere Miete

   wieder erhöht worden.

4. Ich bin heute _____ mein____ schrecklich____ Erkältung__ ins Büro gekommen.

5. _____ sein____ neu____ Job__ muss er von Köln nach Aachen umziehen.

6. _____ d____ international____ Möbelmesse sind alle Hotels ausgebucht.

7. _____ ihre____ schlecht____ Noten___ im Abitur darf sie an der Passauer Uni nicht studieren.

8. _____ d____ Krankheit___ unser____ Hund___ bleiben wir zu Hause und fliegen nicht in den Urlaub.

9. _____ d____ schrecklich____ Stau___ auf der A9 ist Herbert wieder mal zu spät zum wichtigen Termin gekommen.

10. _____ d____ Regen___ ist die Erde im Garten noch zu trocken, es müsste noch die ganze Nacht regnen.

11. Meine Frau sagt mir, dass sie _____ meiner Unzuverlässigkeit immer traurig ist, dabei bin ich so ein lieber Kerl.

12. _____ d____ Bau___ ein____ neu____ Straßenbahnlinie___ am Zülpicher Platz haben wir den ganzen Tag Lärm in unserer Wohnung.

13. _____ d____ Kauf___ ein____ teur____ Auto___ müssen wir leider auf den nächsten Sommerurlaub verzichten.

14. _____ d____ verrückt____ Idee___ , mitten in der Woche in die Disco zu gehen, muss ich jetzt unausgeschlafen und mit Kopfschmerzen im Büro sitzen.

15. _____ d____ schnell____ Internet___ dauert es noch lange, bis ich den ganzen Film aus dem Internet heruntergeladen habe.

16. _____ d____ lang____ Arbeitswoche bin ich sehr müde.

17. _____ d____ Genitiv___ sitzen wir stundenlang in der Schule und schreiben komplizierte Sätze.

18. _____ d____ deutsch____ Grammatik kann ich nachts nicht gut schlafen. Ich träume nur noch vom Genitiv.

19. _____ mein____ Abschiedsparty___ muss ich noch vieles organisieren und einkaufen.

20. _____ d____ lecker____ Essen___ war die Party langweilig.

21. _____ d____ groß____ Reise___ habe ich lange Zeit weder meine Eltern noch meine Freunde gesehen.

22. _____ ein____ lang____ Krankheit sieht sie frisch und munter aus.

23. _____ d____ spannend____ und erholsam____ Urlaub___ sieht sie müde aus.

24. _____ d____ lang___ , angenehm____ Urlaub__ siehst du frisch und erholt aus.

25. _____ d____ kalt____ Winter___ in Deutschland verbringen viele deutsche Rentner die Wintermonate lieber in Spanien.

26. _____ d____ stark____ Wind____ ist meine Antenne auf dem Dach beschädigt.

27. _____ dein____ nett____ Kompliment___ bin ich rot geworden.

28. _____ ein____ wichtig____ europaweit____ Feiertag___ sind alle Geschäfte und Firmen geschlossen.

29. _____ unser____ krank____ Kind____ haben wir die Reise nach Südamerika gestrichen.

30. Meine Frau sagt mir, dass sie _____ mein____ unverantwortlich____ Verhalten___ manchmal wütend ist.

Übung 15   Gemischte Übung. Ergänzen Sie, was Ihrer Meinung nach nötig ist.

1. Ich würde so gerne wissen, _____ ich in diesem Jahr alles erreiche, was ich mir vorgenommen habe.

2. Ich hoffe sehr, _____ alles, was ich mir vorgenommen habe, in Erfüllung gehen wird.

3. _____ ich mir so viel Mühe gebe, verstehe ich die Sache mit dem ‚Genitiv' nicht gut.

4. Meine Oma fragt mich, _____ ich sie am nächsten Wochenende besuchen werde.

5. Ich weiß noch nicht, _____ ich am Wochenende meine Großeltern besuchen werde.

6. Meine Chefin kann sicher sein, _____ ich gut und fleißig arbeite.

7. Ich habe heute so viel Stress gehabt und bin so müde, _____ gehe ich heute früher ins Bett.

8. Ich hoffe sehr, _____ du uns bald wieder besuchst.

9. Unser Lehrer sagte, _____ er gerne zum Konzert von Helene Fischer gehen würde.

10. Ich wünsche dir zum Geburtstag alles Gute und, _____ du so viel arbeitest, wünsche ich dir mehr Freizeit.

11. _____ ich Zeit habe, telefoniere ich mit meinen Freundinnen.

12. Unser Lehrer sagt uns, _____ er davon träumt, in Barcelona zu leben.

13. Ich glaube, _____ ich diesen Film schon mal gesehen habe.

14. Weißt du, _____ Walter gebürtig aus München kommt?

15. _____ du weiter so wenig lernst, wirst du nie gut Deutsch sprechen.

16. Unser lieber Lehrer fragt uns jeden Tag, _____ wir die Hausaufgabe gemacht haben.

17. _____ ich mich gestern Abend zu Hause auf den Test gut vorbereitet hatte, hatte ich heute Morgen in der Prüfung keine Probleme.

18. _____ der intensiven Vorbereitung gestern, habe ich heute den Test ohne Probleme schreiben können.

19. _____ ich mich so gut auf den Test vorbereitet habe, habe ich ihn leider nicht bestanden.

20. Mein Vater möchte wissen, _____ ich den Test bestanden habe.

21. Ich hoffe sehr, _____ ich bald gut Deutsch sprechen kann.

22. Ich wünsche dir, _____ du einen guten Arbeitsplatz in Deutschland findest.

Übung 16   Bilden Sie die folgenden Sätze mit ‚deshalb' (oder ‚deswegen').

Ich arbeite jeden Tag zehn Stunden lang, ich bin immer müde.
Ich arbeite jeden Tag zehn Stunden lang, deshalb bin ich immer müde.

1. Ich habe am Wochenende Geburtstag, ich organisiere eine Geburtstagsparty.

   _____

   _____

2. Ich esse zu viel, ich bin dick.

   _____

3. Das Wetter ist heute herrlich, wir gehen in den Park.

   _____

   _____

4. Die Sonne scheint, wir gehen am Rhein spazieren.

   _____

5. Ich schreibe morgen einen Test, ich lerne heute den ganzen Abend.

   _____

   _____

6. Ich lebe in Deutschland, ich lerne die deutsche Sprache.

   _____

   _____

7. Ich hatte gestern einen wichtigen Termin, ich war nicht in der Schule.

   _____

   _____

8. Ich bin erkältet, ich kann heute nicht ins Büro kommen.

   _____

   _____

9. Wir feiern bald Karneval, ich kaufe interessante Karnevalskostüme.

   _____

   _____

10. Ich habe Hunger, ich gehe in die Mensa.

   _____

11. Der Winter in Deutschland ist kalt, ich brauche eine warme Jacke.

   _____

   _____

12. Meine Freundin hat bald Geburtstag, ich brauche ein gutes Geschenk.

_____

_____

13. Ich habe Fieber, ich bleibe heute im Bett.

_____

14. Ich mache viel Sport, ich habe einen schönen Körper.

_____

15. Ich gehe fast jeden Tag ins Schwimmbad, ich bin schlank und durchtrainiert.

_____

_____

16. Ich mache jeden Tag Hausaufgaben, ich habe fast keine Probleme mehr mit der Grammatik.

_____

_____

17. Ich interessiere mich für deutsche Literatur, ich habe mehrere Bücher von Goethe zu Hause.

_____

_____

18. Ich bin so dick, ich mache ab Montag eine Diät.

_____

19. Ich habe bald Urlaub, ich gehe ins Reisebüro.

_____

Übung 17   Ergänzen Sie die Sätze mit ‚innerhalb' ‚außerhalb' ‚angesichts' oder ‚anhand'. Vergessen Sie dabei nicht die richtigen Genitiv-Endungen der Nomen, der Adjektive, der Pronomen und der Artikel.

1. _____ d_____ Landesgrenze_____ brauchen wir keinen Reisepass.

2. _____ d_____ Haus_____ trage ich nur Hausschuhe.

3. _____ d_____ Hotel_____ dürfen Sie Hotelbademäntel tragen.

4. _____ unser_____ Schule_____ funktioniert das W-LAN gut.

5. _____ d_____ Landesgrenze_____ brauchen unsere Bürger den Reisepass.

6. _____ d_____ Deutschunterricht___ dürfen wir in unserer Muttersprache

sprechen.

7. _____ unser_____ Schule_____ funktioniert das Internet leider nicht.

8. _____ d_____ Krankenhaus_____ müssen die Ärzte weiße Kittel tragen.

9. _____ d_____ Schule_____ darf man nicht rauchen.

10. _____ d_____ steigend_____ Preise_____ können sich die Verbraucher

immer weniger leisten.

11. _____ d_____ steigend_____ Exporte_____ verdient unsere Industrie

immer mehr Geld.

12. _____ d_____ neu_____ Tatsachen_____ muss ich diesen Termin absagen.

13. _____ Ihr_____ Antrag_____ müssen wir unsere Entscheidung ändern.

14. _____ d_____ Anleitung_____ kann ich meinen neuen Computer selbst

installieren.

Übung 18   Bilden Sie Sätze mit ‚dass' wie im Beispiel:
          Der Arzt sagt, ich arbeite zu viel.
          Der Arzt sagt, dass ich zu viel arbeite.

1. Es ist wunderbar, du besuchst mich endlich mal.

_____

2. Ich denke, du bist ein guter Mensch.

_____

3. Ich glaube, Frau Müller ist eine sehr sympathische Person.

_____

_____

4. Ich meine, ich habe Herrn Schmitz seit zwei Monaten nicht gesehen.

_____

_____

5. Ich glaube, dieser Mann ist Architekt von Beruf.

_____

6. Ich hoffe, du kannst mir behilflich sein.

_____

7. Er sagt, er hat an diesem Wochenende keine Zeit.

_____

_____

8. Es ist kaum zu glauben, du hast in der Lotterie gewonnen.

_____

_____

9. Ich hoffe, ich verstehe bald die deutsche Grammatik gut.

_____

_____

10. Ich glaube, ich habe diesen Mann schon mal gesehen.

_____

11. Er sagt, er mag diesen Schauspieler nicht.

_____

12. Ich glaube, ich habe dieses Lied schon mal gehört.

_____

13. Ich glaube, ich habe diesen Film schon gesehen.

_____

14. Es ist wunderbar, ich verstehe endlich alles.

_____

15. Ich denke, Köln ist eine schöne und saubere Stadt.

_____

16. Sandra sagt, sie liebt ihre gemütliche Wohnung.

_____

17. Ich glaube, Richard Wagner ist der beste deutsche Komponist des 19. Jahrhunderts.

_____

_____

18. Ich glaube, Helene Fischer ist die populärste deutsche Sängerin.

_____

_____

19. Ich glaube, Anna Netrebko ist die beste Opernsängerin der Welt.

_____

_____

20. Ich glaube, Deutschland ist eine gut funktionierende Demokratie.

_____

_____

21. Mein Sohn sagt, er braucht ein neues Handy.

_____

22. Mein Arzt sagt, ich darf keine Süßigkeiten essen.

_____

23. Die Lehrerin sagt, wir bekommen für das Wochenende viel Hausaufgabe.

_____

_____

24. Es ist großartig, ich verstehe jetzt alles.

_____

Übung 19   Präpositionen und Fragewörter

1. Ich freue mich _____ den Weihnachtsurlaub mit meiner Familie. - _____ freust du dich?

2. Ich unterhalte mich gern _____ meinem lieben Onkel Walter. - Mit _____ unterhältst du dich gern?

3. Ich spiele gern _____ meinem neuen Handy. - _____ spielst du gern?

4. Meine attraktive Chefin achtet sehr _____ ihre Haare. - _____ achtet deine attraktive Chefin sehr?

5. Die EU-Abgeordneten engagieren sich _____ die Rechte der Kinder. - _____ engagieren sie sich?

6. Ich freue mich _____ den Wellnessurlaub im nächsten Jahr. - _____ freust du dich?

7. Ich bewerbe mich _____ einen neuen Job bei der Stadt Köln. - _____ bewirbst du dich?

8. Jens denkt oft _____ seine Eltern, die in Chemnitz wohnen. - _____ _____ denkt Jens oft?

9. Wir warten seit 20 Minuten _____ den ICE aus Hamburg. - _____ wartet ihr?

10. Wir unterhalten uns gern _____ unserem lieben Lehrer _____ die Geschichte von Preußen. - _____ wem unterhaltet ihr euch gern und _____?

11. Du denkst oft _____ deine Kinder. - _____ _____ denke ich oft?

12. Meine liebe Oma hat sich immer _____ mich gekümmert. - _____ _____ hat sich deine Oma gekümmert?

13. Ich mache mir immer große Sorgen _____ meine Eltern. - _____ _____ machst du dir Sorgen?

14. Mein Energiegetränk besteht _____ Wasser und Saft. - _____ besteht dein Energiegetränk?

15. Ich chatte oft _____ meinen Freunden, die auf Mallorca wohnen. - Mit _____ chattest du oft?

16. Sebastian bereitet sich _____ sein Staatsexamen in Jura vor. - _____ bereitet sich Sebastian vor?

17. Walter hofft _____ eine gute Zukunft für seine Kinder und Enkelkinder. - _____ hofft Walter?

18. Klaus wartet im Theater _____ seine Eltern. - _____ _____ wartet Klaus?

19. Sophie wartet schon eine halbe Stunde lang _____ ihre Bahn. - _____ wartet Sophie?

20. Ich denke oft _____ die Zukunft meiner Kinder. - _____ denkst du oft?

21. Ich hoffe _____ sonniges Wetter am Wochenende. - _____ hoffst du?

22. Ich sende eine Mail _____ meine Hausverwaltung. - An _____ sendest du die Mail?

23. Meine Mutter engagiert sich _____ die Schule, in der sie seit 20 Jahren arbeitet. - _____ engagiert sich deine Mutter?

24. Wir fahren _____ dem Taxi zum Flughafen. - _____ fahren wir zum Flughafen?

25. Ich habe gestern _____ meinem Vermieter telefoniert. - Mit _____ hast du telefoniert?

26. Ich telefoniere oft _____ meiner lieben Schwiegermutter. - Mit _____ telefonierst du oft?

27. Meine Lebensgefährtin achtet sehr _____ ihren Körper und _____ ihre Ernährung. - _____ achtet deine Lebensgefährtin?

28. Ich interessiere mich _____ zeitgenössische Kunst. - _____ interessierst du dich?

29. Mein Arzt sagt, ich muss besser _____ meine Haut achten. - _____ musst du besser achten?

30. Claudia bereitet sich _____ die Prüfung vor. - _____ bereitet sich Claudia vor?

31. Ich träume _____ einem gemütlichen Haus am See. - _____ träumst du?

32. Hildegard sehnt sich _____ ihrer Tochter. - _____ _____ sehnt sich Hildegard?

33. Ich warte zu Hause _____ meine Frau. - _____ _____ wartest du?

34. Ich warte _____ den Anruf meines Anwalts. - _____ wartest du?

35. Udo sehnt sich _____ seinem Zwillingsbruder. - _____ _____ sehnt sich Udo?

36. Ich sende einen Brief _____ das Finanzamt. - _____ _____ sendest du den Brief?

37. Thilde sendet einen Brief _____ ihre Großmutter. - An _____ sendet Tilde einen Brief?

38. Ich unterhalte mich ungern _____ die heutige Flüchtlingspolitik. - _____ unterhältst du dich ungern?

Übung 20   Nominativ, Dativ oder Akkusativ? (Wiederholung)

1. Das ist ein___ Kind, ein___ Lehrerin, ein___ Mädchen, mein___ Sohn, mein___ Frau, unser___ Tochter, sein___ Tochter, mein __ Bruder, dein___ Bruder, sein___ Hund, mein___ Katze.

2. Du telefonierst mit ein_____ Frau, mein_____ Frau, ein_____ Mädchen, ein_____ Nachbarin, mein_____ Nachbarin, sein_____ Nachbarin, ein_____ Kollegin, ein_____ Freund, unser_____ Vater.

3. Ich sehe ein_____ Mann, ein_____ Lehrer, ein_____ Frau, ein_____ Kind, ein_____ Nachbarn, ein_____ Nachbarin, ein_____ Lehrerin, ein_____ Freund, ein_____ Freundin, ein_____ Mädchen, ein_____ Politiker, ein_____ Schauspieler, ein_____ Sportlerin, ein_____ Sänger, ein_____ Verkäufer, ein_____ Kassiererin.

4. Das ist ein_____ Haus, ein_____ Wohnung, mein_____ Haus, sein_____ Haus, mein_____ Büro, sein_____ Büro, mein_____ Schule, sein_____ Schule, ein_____ Geschäft, mein_____ Wohnung, unser_____ Schule, mein_____ Universität, mein_____ Auto, mein_____ Frau.

5. Du fährst mit ein_____ Fahrrad, mit d_____ Fahrrad, mit ein_____ Bus, mit d_____ Bus, mit d_____ U-Bahn, mit ein_____ ICE, mit d_____ Auto, mit d_____ Taxi.

6. Er telefoniert mit sein_____ Mutter, mit sein_____ Schwester, mit unser_____ Eltern, mit sein_____ Chef, mit sein_____ Chefin, mit ihr_____ Bruder, mit ein_____ Freund, mit unser_____ Onkel, mit ein_____ Kollegen, mit ein_____ Handwerker, mit ein_____ Arzt, mit sein_____ Ärztin, mit unser_____ Sohn.

7. Er geht mit sein_____ Kind und sein_____ Frau in_____ Theater.

8. Das ist mein_____ Sohn und das ist mein_____ Tochter.

9. Wir fliegen mit d_____ Flugzeug in _____ Urlaub.

10. Du fährst mit d_____ Auto von d_____ Schule nach Hause und ich fahre mit d_____ Bahn von d_____ Schule nach Hause.

11. Das ist unser_____ Lehrer und ich spreche mit mein_____ Lehrer über d_____ Wetter.

12. Sie telefoniert mit ihr_____ Schwester und mit ihr_____ Bruder.

13. Nach d_____ Arbeit gehe ich mit mein_____ Schwester zu mein_____ Bruder.

14. Er trifft sich mit sein_____ Freund, mit sein_____ Kollegin, mit sein_____ Tante, mit sein_____ Opa.

15. Das ist mein_____ Haus, ein_____ Theater, ein_____ Museum, ein_____ Disco, ein_____ Bar, mein_____ Mann, mein_____ Vater, mein_____ Kollegin, mein_____ Nichte, mein_____ Schwester, mein_____ Cousine, mein_____ Schwager, mein_____ Kollege.

16. Er geht in _____ Park, in _____ Schule, in_____ Theater, in_____ Museum, in _____ Kneipe.

17. Er kommt aus _____ Theater, aus _____ Kaufhaus, aus _____ Schule, aus _____ Türkei, aus _____ Spanien, aus _____ Ukraine, aus _____ Bayern, aus _____ Slowakei, aus _____ Tschechien, aus _____ Frankreich, aus _____ Iran, aus _____ Polen, aus _____ Indien.

18. Sie kommt aus _____ Spanien, aus _____ Magdeburg, aus _____ Mongolei, aus _____ Niedersachsen, aus _____ Irak, aus _____ Köln.

19. Ich gebe mein_____ Bruder, mein_____ Schwester, mein_____ Sohn, mein_____ Vater, mein_____ Schüler, mein_____ Schülerin, mein_____ Freund, mein_____ Freundin, mein_____ Tochter, mein_____ Kollegin, mein_____ Vater, mein_____ Bruder ein Exemplar des Buches.

20. Das ist mein_____ Onkel und ich spreche mit mein_____ Onkel über _____ Wetter, über sein_____ Frau und über sein_____ Job.

21. Nach _____ Abendessen gehen wir in_____ Wohnzimmer zu_____ Fernsehen.

22. Die Müllers gehen mit ihr_____ Tochter und mit ihr_____ Hund in _____ Park.

23. Sie gehen mit ihr_____ Kindern und mit ihr_____ Großeltern spazieren.

24. Das Buch liegt auf _____ Tisch _____ Wohnzimmer.

25. Er arbeitet auf _____ Baustelle in der Nähe von _____ Leipzig.

26. Du kommst aus _____ Slowakei und fliegst mit dein_____ Sohn und mit dein_____ Tochter nach _____ Spanien.

27. Meine Brille liegt in _____ Tasche meiner Frau i____ Wohnzimmer.

28. Ich gehe jetzt mit mein_____ Freund in____ Kino und danach zu____ Hauptbahnhof.

29. Du fährst mit _____ Fahrrad und ich fahre mit _____ Taxi.

30. Er telefoniert mit sein_____ Vater aus _____ Büro und sein Vater telefoniert aus _____ Krankenhaus.

31. Nach _____ Büro fahre ich mit mein_____ Frau zu____ Kindergarten.

32. Ich gehe mit mein_____ Tochter und mit mein_____ Sohn zu____ Konzert.

33. In unser_____ Wohnung essen wir ein_____ Salat mit _____ Brot und mit _____ Wurst.

34. Nach _____ Abendessen gehen wir in _____ Disco und nach _____ Disco gehen wir in____ Bett.

35. Meine Freundin kommt aus _____ Türkei und sie sagt, dass das Wetter in _____ Türkei immer gut ist.

36. Wir fliegen in _____ Slowakei. In _____ Slowakei ist das Wetter auch überwiegend schön.

37. Ich komme aus _____ Spanien, Elisa kommt aus _____ Italien und Özlem kommt aus _____ Türkei.

38. Ist das Wetter in _____ Türkei auch immer gut? – Ja, in _____ Türkei ist das Wetter immer gut.

39. Die Familie Schmitz kommt aus _____ Deutschland und die Familie Bürlikofer kommt aus _____ Schweiz.

40. Die Vase steht auf _____ Tisch, auf _____ Boden, unter _____ Tisch, auf _____ Kommode.

41. Die Tasche liegt auf _____ Tisch, auf _____ Boden, unter _____ Tisch, auf _____ Sofa, auf _____ Sessel, auf _____ Konsole.

42. Ich lege das Handy auf _____ Tisch, auf _____ Boden, in _____ Tasche, in _____ Schrank.

43. Meine Kreditkarte liegt in _____ Tasche, in _____ Schublade, auf _____ Tisch, auf _____ Nachttisch.

44. Ich lege meine Kreditkarte auf _____ Tisch, in _____ Tasche, auf _____ Nachttisch.

45. Mein Schlüssel liegt in _____ Tasche, in _____ Schublade.

46. Ich lege mein_____ Schlüssel in _____ Tasche, in _____ Schublade, auf _____ Tisch.

47. Der Hund liegt auf _____ Sofa, auf _____ Bett, i_____ Bett, unter _____ Sofa.

48. Mein_____ Wohnung hat ein_____ Balkon.

49. Nahe bei mein_____ Haus ist ein_____ Garten mit ein_____ Schwimmbad.

50. Ich fahre mit mein_____ Auto in _____ Schweiz und Tarkan fliegt mit _____ Flugzeug in _____ Türkei.

51. Wir sprechen mit unser_____ Nachbarin und mit unser_____ Hausmeister über unser_____ neuen Nachbarn.

52. Ich hänge das Bild an _____ Wand und mein Foto hängt jetzt schon an _____ Wand.

53. Ich hänge den Zettel an _____ Tür und mein Name steht an _____ Tür.

54. Wir fliegen mit _____ Flugzeug nach Spanien zu unser_____ Onkel Carlos.

55. Er spricht mit sein_____ Lehrer in _____ Schule.

56. Ich sehe mein_____ Lehrerin dort drüben i_____ Park.

Übung 21 Ergänzen Sie ‚haben' oder ‚sein' in der passenden Form. (Wiederholung)

1. Gestern _____ wir in unserem neuen Büro eine kleine Einweihungsfeier. Alle meine Kolleginnen und Kollegen _____ da. Zusammen _____ es ca. 40 Personen.

2. Barbara, _____ du heute Morgen Zeit? - Ja, für dich _____ ich immer Zeit.

3. Unsere Oma _____ erst in zwei Wochen Geburtstag, aber wir _____ jetzt schon ein ganz tolles Geschenk für sie.

4. Wann _____ ihr im neu eröffneten Opernhaus? - Am letzten Wochenende. Der Abend _____ hervorragend und die Musik _____ unvergesslich.

5. Ich _____ noch niemals in Oldenburg. Ich _____ überhaupt noch nie in Niedersachsen.

6. _____ du heute Abend zu Hause? - Ja, ich _____ zu Hause.

7. _____ du schon mal in Magdeburg? - Ja, ich _____ dort mit meinem Bruder vor zwei Jahren. Es _____ großartig.

8. Gestern _____ Klaus bei mir. Er _____ Fotos von seinem Abiball dabei.

9. Meine Geburtstagsparty _____ einfach klasse, aber heute _____ ich fix und fertig.

10. Herr Sterk, _____ Sie schon im neuen Museum am Neumarkt? - Nein, ich _____ leider noch nicht dort, ich _____ bis jetzt keine Zeit dafür.

11. Am nächsten Wochenende _____ meine Frau Geburtstag und ich _____ leider nicht zu Hause. Ich _____ dann leider eine Dienstreise zu machen.

12. Liebe Stefanie, wir _____ am zweiten Juni in Bremen und würden dich gerne besuchen. _____ du da Zeit für uns?

13. Wir _____ schon lange nicht mehr in Garching. Früher _____ wir jeden Sommer im Haus unserer Eltern. Jetzt _____ wir leider keine Zeit dazu.

14. Das Konzert gestern in der Philharmonie _____ überwältigend. Wir _____ viel Freude an der Musik.

15. Wolfgang, _____ du morgen Nachmittag im Büro? Ich _____ eine wichtige Frage an dich.

16. Guten Tag, _____ Sie heute einen Termin bei Herrn Doktor Müller? - Ja, ich _____ einen Termin um 10.30 Uhr.

17. In seiner Heimat _____ Stefano viele Freunde. Jetzt, in Deutschland, _____ er leider noch nicht so viele Kontakte.

18. Ich _____ gestern schreckliche Kopfschmerzen. Heute _____ ich wieder fit.

19. Gestern _____ wir in München, es _____ wunderschön sonnig. Und heute _____ wir wieder in Kiel und es _____ wieder dunkel und nass.

20. Ich weiß nicht, warum ich heute so fröhlich _____. Gestern _____ ich den ganzen Tag schlechte Laune.

21. Ich _____ am letzten Wochenende zum ersten Mal auf einer Karnevalssitzung. Die Sitzung _____ sehr interessant und selbstverständlich sehr lustig.

22. _____ du heute Zeit für mich? Ich würde mit dir gerne etwas Wichtiges besprechen.

23. Mit diesem Thema _____ ich keine Probleme mehr.

24. Die mündliche Prüfung _____ wir am nächsten Montag. Die schriftliche Prüfung _____ wir gestern und sie _____ sehr schwer.

25. Wegen meiner Arbeit _____ ich so wenig Zeit für meine Kinder.

26. Wo _____ du gestern Abend? - Ich _____ den ganzen Abend auf einer Betriebsfeier.

27. Christian, _____ du heute Abend Zeit? - Ja, ich _____ Zeit.

28. Übermorgen _____ meine Tochter Geburtstag. Ich _____ leider noch kein Geschenk für sie.

29. Wann _____ ihr in der Philharmonie? - Am letzten Wochenende. Der Abend _____ sehr interessant und die Musik _____ grandios.

30. Ich _____ noch niemals in Stuttgart. Ich _____ überhaupt noch nie in Baden-Württemberg.

31. _____ du heute Abend zu Hause? - Ja, ich _____ zu Hause, aber ich _____ leider keine Zeit, ich muss meinen Koffer für die morgige Dienstreise packen.

32. _____ du schon mal am Ammersee? - Ja, ich _____ vor zwei Jahren mit meinem Bruder dort. Es _____ herrlich.

33. Ich _____ am letzten Wochenende in Füssen und _____ Schloss Neuschwanstein besichtigt. Es _____ sehr interessant.

34. _____ du heute Zeit für mich? Ich würde dich gerne zum Eis-Essen einladen.

35. Für einen großen und leckeren Becher Eis _____ ich immer Zeit.

36. Mit den Verben ‚haben' und ‚sein' _____ wir keine Probleme mehr. Jetzt _____ wir richtig glücklich.

Übung 22   Ergänzen Sie die Sätze. Diese Ausdrücke können Sie als Bausteine beim Schreiben von Briefen auf B2-Niveau verwenden.

1. Hal____ lieb____ Jens , wi__ ge____ es di__ ?

2. Es wä____ gu__ , we____ …

3. Hal____ lieb__ Freunde, wi__ ge____ es euc__ ?

4. Seh__ geehr____ Damen un__ Herr____ ,

5. Wa__ wü_____ du vorsc_____ ?

6. Se____ geehr_____ Her__ Müller,

7. Ic__ hab__ ein__ Bitt__ a__ dic__ .

8. Ic__ ha____ ein__ Frag__ a__ Si__ .

9. Wi__ geh__ e__ di__ ? Wi__ hab____ un__ so lang__ nich__ geseh____ .

10. Wi__ geh__ es di__ , wa__ gib__ es Neu____ ?

11. Mi__ herzlich____ Grüß____

12. Mi__ lieb____ Grüß____

13. Mi__ freundlich____ Grüß____

14. Ic__ wend__ mic__ an dic__ , wei__ ic__ ei__ Probl____ hab__ .

15. Ic__ wend__ mic__ an Si__ , wei__ i____ ei____ Frag__ hab__ .

16. Ic__ wen____ mi____ a__ Si__ , we____ i____ ei____ Bit____ hab__ .

17. Si__ erreic_____ mi____ telefon_____ unt____ dies____ Numm____ : 01234567.

18. Bitt__ send____ Si__ mi__ all__ Information____ pe__ E-Mail.

19. Mein__ E-Mail-Adres____ laute__ : …..@…..de

20. Ic__ bedank__ mic__ be__ Ihne__ fü__ Ihr__ Hilf__ .

Übung 23   Transformieren Sie diese direkten Fragen in indirekte Fragen. Verwenden Sie dabei, wie im Beispiel, den Ausdruck: „Ich möchte wissen ..." und Fragewörter.

Beispiel 1:   Ich möchte wissen, **ob** Tamara gut schwimmen kann.
Beispiel 2:   Ich möchte wissen, **wann** Tamara ins Schwimmbad geht.

1. Besuchst du mich am Wochenende?

_____

_____

2. Wann ist der Unterricht zu Ende?

_____

3. Kommt Stefan heute?

_____

4. Hilfst du mir am Wochenende?

_____

5. Hast du am Freitagabend Zeit?

_____

6. Ist Klaus verheiratet?

_____

7. Wie oft geht Tim ins Fitnessstudio?

_____

8. Wann beginnt der Film?

_____

9. Was kochst du heute Abend?

_____

10. Bist du mit meinem Vorschlag einverstanden?

_____

_____

11. Hast du die Kinokarten schon gekauft?

_____

12. Wie wird das Wetter am Wochenende?

_____

13. Hast du die Frauenkirche in München schon besichtigt?

_____

_____

14. Verstehst du dieses grammatikalische Problem?

_____

_____

15. Warum bist du heute so schlecht gelaunt?

_____

_____

16. Wann hast du Urlaub?

_____

17. Wie oft gehst du ins Schwimmbad?

_____

18. Wo hast du diese tolle Jeans gekauft?

_____

19. Wann ist der Winter endlich vorbei?

_____

20. Verstehst du die Grammatik mit dem Genitiv schon?

_____

_____

Übung 24   Was passt zusammen? Ergänzen Sie die Sätze mit einem der folgenden Ausdrücke:
über die Bühne / unter den Teppich / die Qual / die Daumen /
auf dem Laufenden / in der engeren Auswahl / den Rücken /

1. Lieber Herr Müller, wir halten Sie über den weiteren Verlauf unserer Verhandlungen

_____ .

2. Unser Personalmanager behauptet, dass wir jetzt nur noch drei Bewerber

_____ haben.

3. Wir drücken Ihnen _____ , dass es mit Ihrer Bewerbung diesmal klappt.

4.   Wenn man zu viele Optionen hat und sich nicht entscheiden kann, dann nennt man es

_____ der Wahl.

5. Viele hochqualifizierte Arbeitskräfte kehren ihren Heimatländern _____

und kommen zum Arbeiten nach Deutschland.

6. Du musst mit diesem langen Projekt endlich fertig werden, früher oder später musst du es

_____ bringen.

7. Sowohl in einer Beziehung als auch auf dem Arbeitsplatz sollte man immer offen über Probleme reden. Unangenehme Sachen _____ zu kehren, bringt nichts.

8. Meine Mama fragt mich immer, wann ich endlich mit dem Studium fertig werde. Ich bin jetzt im zehnten Semester und möchte auch selbst mein Studium endlich _____ bringen.

9. Mein Bruder und seine Frau haben große Probleme in ihrer Beziehung. Über die Probleme reden sie nie. Sie versuchen alle negativen Erlebnisse _____ zu kehren.

10. Unser Sohn ist 15 Jahre alt und er ist das erste Mal in seinem Leben alleine ins Ausland geflogen. Wir machen uns große Sorgen um ihn, aber er hat uns versprochen, uns mehrmals am Tag anzurufen und uns _____ zu halten.

11. Wenn ich mit meiner Frau zum Einkaufen gehe, kann sie sich stundenlang für nichts entscheiden, immer hat sie _____ der Wahl.

12. Unter allen diesen schönen Taschen muss ich mich für nur eine entscheiden! Also erst mal bleiben von zehn Taschen nur zwei _____ .

13. Diese nette Kollegin arbeitet nicht mehr für unsere Firma. Bei der Konkurrenz verdient sie das Doppelte. Uns hat sie leider _____ gekehrt.

14. Du hast einen Fehler begangen. Erzähl mir doch alles. Die peinlichen, bedauernswerten Dinge _____ zu kehren, macht die Situation nicht besser.

Übung 25   Ergänzen Sie die Sprichwörter mit einem der folgenden Ausdrücke:
               nie / Würze / Dorf / Sinn / Antwort / Leute / Leben / beißen / Rat / Wunschkonzert

1. Besser später als _____ .

2. Kleider machen _____ .

3. In der Kürze liegt die _____ .

4. Arbeit ist das halbe _____ .

5. Aus den Augen, aus dem _____ .

6. Bellende Hunde _____ nicht.

7. Das Leben ist kein _____ .

8. Kommt Zeit, kommt _____ .

9. Keine Antwort ist auch eine _____ .

10. Die Kirche im _____ lassen.

Übung 26   Wählen Sie passende Adjektive für die Sätze mit „so ... , dass ...".
scharf / spannend / erschöpft / dick / ausführlich / voll

1. Die Soße war so _____ , dass ich nach Luft schnappen musste.
2. Ich bin so _____ geworden, dass ich in meine Jeans nicht mehr reinpasse.
3. Nach dem langen Test war er so _____ , dass er fast auf dem Stuhl eingeschlafen ist.
4. Die Handtasche meiner Mutter ist immer so _____ , dass nichts mehr reinpasst.
5. Der neue Film ist so _____ , dass wir ihn am nächsten Wochenende nochmal sehen möchten.
6. Die Wegbeschreibung ist so _____ , dass man keine Angst haben muss zu spät zu kommen.

Übung 27   Ergänzen Sie diese Sätze mit Reflexivpronomen und mit Präpositionen.
Beispiel: Er interessiert _____ _____ Kultur.
Er interessiert **sich für** Kultur.

1. Er richtet _____ _____ seinem Bruder.

2. Ich richte _____ immer _____ meiner Chefin.

3. Mein Vater richtet _____ fast immer _____ meiner Mutter.

4. Er bewirbt _____ _____ eine neue Arbeitsstelle.

5. Du bewirbst _____ _____ den neuen Job.

6. Wir engagieren _____ _____ soziale Projekte.

7. Mein Schwiegervater engagiert _____ _____ verschiedene Integrationsorganisationen.

8. Ich kümmere _____ _____ meine kranke Oma.

9. Tim kümmert _____ _____ seinen alten Hund.

10. Meine Mutter kümmert _____ _____ ihre alte Mutter.

11. Ralf und Udo kümmern _____ _____ ihren alten Vater.

12. Ich interessiere _____ _____ klassische Musik.

13. Stefan und Lara interessieren _____ _____ asiatische Kunst.

14. Roopika interessiert _____ _____ indische Filme.

15. Interessieren Sie _____ _____ mittelalterliche Malerei?

16. Ich bin mir ziemlich sicher, ich kann _____ _____ meinen Schwager verlassen.

17. Meine Mutter ist der Auffassung, dass ich _____ in meinem Leben nur _____ sie verlassen kann.

18. Ich denke, ich kann _____ nur _____ meine Eltern verlassen.

19. Wir beziehen _____ _____ Ihren Brief vom 12.12.20..... .

20. In Ihrem Schreiben beziehen Sie _____ _____ die Informationen der

    Verbraucherzentrale.

21. Meine Frau bereitet _____ _____ die B2-Prüfung vor.

22. Klaus bereitet _____ _____ die Präsentation vor.

23. Ich sehne _____ _____ dir.

24. Viele Flüchtlinge sehnen _____ _____ ihren Heimatländern.

25. Robert streitet _____ fast jeden Tag _____ seinem Bruder.

26. Wir streiten _____ ziemlich oft _____ unserem Hausmeister.

27. Wir bedanken _____ _____ unserem Vermieter _____ seine Hilfe.

28. Ich bedanke _____ _____ Frau Pallandt _____ die Unterstützung.

29. In dieser Situation richte ich _____ _____ dir.

30. Er hat _____ _____ seine Lehrerin verliebt.

31. Du hast _____ _____ deinen Arbeitskollegen verliebt.

32. Wir erkundigen _____ _____ dem Reiseangebot.

33. Du erkundigst _____ _____ den Preisen für die Reise.

34. Silke beschwert _____ _____ den Lärm im Treppenhaus.

35. Wir beschweren _____ _____ die lauten Nachbarn.

36. Stefan interessiert _____ _____ Architektur.

37. Meine Sachbearbeiterin bezieht _____ in ihrem Brief _____ die neuen

    Gesetze.

38. Ich unterhalte _____ _____ meinen Freunden _____ Reisen ins Ausland.

Übung 28   Gemischte Übung. Ergänzen Sie, was Ihrer Meinung nach nötig ist.

1. Köln ist größer _____ Düsseldorf, Berlin ist _____ größten.

2. Die neugierigen Schüler fragen den Lehrer, _____ sie nächste Woche Unterricht in

    _____ Schule haben oder einen Ausflug machen.

3. _____ ich letzte___ Jahr in Rom war, habe ich _____ _____ einer nett_____ ,

    italienisch_____ Dame unterhalten.

4. Wir sind immer so erschöpft, _____ wir viel arbeiten.

5. Meine Mutter fragt mich, _____ ich zurzeit viel arbeite.

6. Wir bereiten _____ _____ die Prüfung vor, _____ lernen wir jeden Tag viele Verben _____ Präpositionen.

7. Es ist toll, _____ wir in so ein____ demokratisch____ Land _____ Deutschland leben.

8. _____ ich _____ Büro sitze, ist meine Frau in einem Spa-Center und entspannt _____ .

9. Ich habe leider keine Kinder. Ich habe _____ eine Tochter _____ einen Sohn.

10. _____ d____ schwierig____ , politisch____ Situation im Osten kommen viele Flüchtlinge nach Deutschland.

11. Ich würde gerne wissen, _____ Herr Thomson gebürtig aus Schottland kommt.

12. Ich diskutiere gern _____ die aktuelle politische Lage in der EU.

13. Ich habe in meiner Firma keine Probleme, _____ mit meinem Chef _____ mit meinen Kollegen.

14. Ich _____ so gern in Barcelona leben, aber leider ist es unmöglich.

15. Bei meinem Computer sind mittlerweile alle Geräte kaputt, _____ die Tastatur _____ _____ die Maus.

16. Sandra liebt Komödien, _____ ihr Mann Thomas gerne Actionfilme ansieht.

17. Unser Kühlschrank ist leer, _____ meine Frau vorgestern so viel eingekauft hat.

18. Ich lebe jetzt seit fünf Jahren in Köln und die Stadt gefällt mir gut, _____ denke ich oft _____ meine Heimatstadt München.

19. Wenn ich in der Lotterie viel Geld gewinnen würde, _____ ich mir ein Haus in Sardinien kaufen.

20. Wenn das Wetter am Wochenende schön wäre, _____ wir an den See fahren.

21. Ich freue mich schon _____ , dass meine Eltern mich ____ Wochenende besuchen werden.

22. Ich habe große Angst _____ , alt und hilflos zu werden.

23. Das ist die Stadt, in _____ ich gerne wohne.

24. Ich bedanke _____ immer _____ meinen Eltern _____ die schöne Kindheit und _____ die gute Ausbildung, _____ sie mir ermöglicht haben.

25. Ich bin so müde, _____ ich zu spät _____ Bett gegangen bin.

26. Ich freue _____ schon _____ , dass mein Sprachkurs bald vorbei ist.

27. _____ Elke die Arbeit am Schreibtisch liebt, kann Peter im Sitzen nicht gut arbeiten.

28. Unser Lehrer fragt uns oft, _____ wir alles verstanden haben.

29. Der Kaffee ist so heiß, _____ ich ihn nicht trinken kann.

30. Ich lerne jeden Tag, _____ verstehe ich noch nicht alles.

Übung 29   Gemischte Übung. Ergänzen Sie, was Ihrer Meinung nach nötig ist, wie z.B.:
trotz / obwohl / innerhalb / wie / indem / ohne dass / ohne zu / … etc.

1. _____ der letzt____ zehn Tage musste er mehr arbeiten _____ sonst,

   _____ in seiner Firma viele Mitarbeiter krank sind.

2. _____ er in _____ Nähe seiner Eltern wohnt, unterhält er _____ mit

   ihnen sehr selten, _____ er zurzeit viel _____ die Ohren hat.

3. _____ d____ gut____ Vorbereitung _____ diese Prüfung _____ er leider

   _____ der Prüfung durchgefallen.

4. _____ mehr ich lerne, _____ mehr verstehe ich, _____ lerne ich

   jeden Tag zehn Stunden lang.

5. Der Fahrgast erkundigt _____ _____ Infopoint _____ der Abfahrt d____

   Zug____ .

6. Es _____ bestimmt viel besser gewesen, _____ wir die Flugtickets bereits vor

   sechs Monaten bestellt hätten.

7. Wir könnten _____ _____ Folgendes einigen: Ich beantworte die E-Mails und du

   kümmerst _____ _____ die Vorbereitungen _____ die morgige Veranstaltung.

8. Meine Frau ist _____ vielen Jahren als Lehrerin tätig und sie ist nach _____ vor

   _____ ihrer Tätigkeit zufrieden.

9. Der Apotheker ist verpflichtet, alle Kunden _____ die Nebenwirkungen dieser Tabletten

   hinzuweisen.

10. _____ du weiterhin nichts lernst, wirst du dein Studium nie _____ die Bühne

    bringen.

11. _____ wir eine Übung schreiben, sitzt unser Lehrer nur da, langweilt _____

    und schreibt ein__ SMS _____ seine Mutter.

12. _____ d_____ Unterricht__ langweilen wir _____ nie.

13. _____ d____ gut____ Wetter___ bleibe ich _____ Büro, _____ ich mich

    _____ eine Präsentation vorbereiten muss.

14. _____ er mich angerufen hatte, erzählte er mir alles _____ seine Reise in

    _____ Ukraine.

15. Ich wende _____ _____ Sie, _____ ich ein__ wichtig__ Frage habe.

16. O_____ wir w_____ d____ Unterricht__ viele Übungen machen, haben

wir noch einige Probleme _____ d____ Genitiv.

17. Ich interessiere _____ seit vielen Jahren _____ die mittelalterliche Kunst,

_____ gehe ich oft _____ meinen Freunden _____ verschiedene Museen.

18. _____ d____ Unterricht__ dürfen wir _____ in unserer

Muttersprache sprechen _____ mit dem Handy spielen.

19. Unser Lehrer sagt immer, _____ wir uns _____ das Lernen konzentrieren sollen und

nicht _____ Gespräche über Partys.

20. Ich bedanke _____ immer _____ den Menschen, _____ mich unterstützen.

21. Du wirst in Deutschland keinen guten Job finden, _____ _____ du gut Deutsch

sprichst.

22. Du kannst in Deutschland keinen guten Job finden, _____ gut Deutsch _____

sprechen.

23. Man findet im Zentrum von München keine schöne Wohnung, _____ _____ man

extrem viel Geld für die Miete zahlen muss.

24. Man findet im Zentrum von München keine tolle Wohnung, _____ dafür viel Geld

_____ bezahlen.

25. Du kannst die Einreiseerlaubnis für die USA bekommen, _____ du ein Visum

beantragst.

26. Du kommst pünktlich zu deinem Termin, _____ du eine Stunde früher aufstehst.

Übung 30   Schreiben Sie unten stehende Sätze in verschiedenen Passiv-Formen:

    1. Passiv Präsens: werden + Partizip Perfekt
    2. Passiv Präteritum: wurden + Partizip Perfekt
    3. Passiv Perfekt: sein   + Partizip Perfekt + worden
    4. Passiv Plusquamperfekt: waren   + Partizip Perfekt + worden
    5. Passiv mit Modalverb: Modalverb (Präsens od. Prät.) + Partizip Perfekt +werden

    Beispiel: „Die Studenten lernen die Wörter."

    1. Passiv Präsens: Die Wörter **werden** von den Studenten **gelernt**.
    2. Passiv Präteritum: Die Wörter **wurden** von den Studenten **gelernt**.
    3. Passiv Perfekt: Die Wörter **sind** von den Studenten **gelernt worden**.
    4. Passiv Plusquamperfekt: Die Wörter **waren** von den Studenten **gelernt worden**.
    5. Passiv mit Modalverb: Die Wörter **müssen** von den Studenten **gelernt werden**.
        oder: Die Wörter **mussten** von den Studenten **gelernt werden**.

a. Mama backt den Kuchen.

1. _____
2. _____
3. _____
4. _____
5. _____

b. Wir unterschreiben den Vertrag.

1. _____
2. _____
3. _____
4. _____
5. _____

c. Thomas organisiert das Seminar.

1. _____
2. _____
3. _____
4. _____
5. _____

d. Der Lehrer erklärt ein neues Thema.

1. _____
2. _____
3. _____
4. _____
5. _____

e. Wir schreiben einen Test.

1. _____
2. _____
3. _____
4. _____
5. _____

f. Ich sende eine Mail.

1. _____

2. _____

3. _____

4. _____

5. _____

g. Unsere Nachbarn stören uns.

1. _____

2. _____

3. _____

4. _____

5. _____

h. Der Maler streicht die ganze Wohnung.

1. _____

2. _____

3. _____

4. _____

5. _____

i. Herr Schmitz sendet eine wichtige Mail.

1. _____

2. _____

3. _____

4. _____

5. _____

j. Frau Stüwe beantwortet die Anfrage.

1. _____

2. _____

3. _____

4. _____

5. _____

Übung 31   Ergänzen Sie die Sätze mit Hilfe von folgenden Ausdrücken:

> in Anspruch nehmen / einhalten / eine Absage erteilen / stellen / erteilen / führen / zur Kenntnis nehmen / in Kraft treten / den Fehler begehen / Bezug nehmen / sich in Verbindung setzen / sich unter Druck gesetzt fühlen / etwas zur Verfügung stellen / zur Verfügung stehen.

1. Die Politiker müssen ihre Versprechen _____ , wenn sie wiedergewählt werden wollen.

2. Menschen ohne Arbeit und ohne Einkommen können die Sozialhilfe ___ _____ _____ .

3. Die Firma MMMMM GmbH, bei der ich mich beworben habe, hat mir leider eine _____ _____ .

4. Wer soziale Leistungen und Kindergeld beansprucht, muss einen Antrag beim zuständigen Jobcenter _____ .

5. Bei den regelmäßigen Zahlungen der Miete an den Vermieter können Sie der Bank einen Dauerauftrag _____ .

6. Ich habe den Fehler _____ , meiner Frau nichts von dem Konflikt mit ihrem Bruder zu erzählen.

7. Jedes Jahr _____ in unserem Land Hunderte von neuen Gesetzen in _____ .

8. Herr Meier, Ihre Bemerkung nehme ich zur _____ .

9. Die Politiker _____ seit Jahren Friedensgespräche.

10. Sobald Ihre Bestellung bei uns eingegangen ist, _____ wir uns mit Ihnen sofort in _____ .

11. Ich bekomme jede Woche von meinem Chef neue Aufgaben, ich fühle mich mittlerweile richtig _____ _____ _____ .

12. Herr Schindler, in diesem Schreiben _____ wir Bezug _____ Ihre Anfrage von voriger Woche.

13. Meine neue Firma ist sehr mitarbeiterfreundlich. Sie stellt mir sowohl ein Auto als auch ein Handy _____ _____ .

14. Bei allen Fragen stehe ich Ihnen gerne _____ _____ .

15. Wenn ich in einem ‚all inclusive'-Hotel bin, _____ ich dort alles in _____ .

16. Ich habe nicht gewusst, dass am ersten Juni dieses Jahres neue Steuergesetze ____ _____ _____ sind.

17. Sobald ich etwas Genaueres weiß, _____ ich mich mit Ihnen sofort in _____ .

18. Die heutigen Kinder lernen mehr als wir damals vor 30 Jahren. Die meisten Kinder fühlen sich aber von den Lehrern _____ _____ _____ .

19. Mit meiner unfreundlichen Hausverwaltung _____ ich keine Gespräche mehr.

20. Wenn du schon einmal einen so großen Fehler gemacht hast und so richtig auf die Nase gefallen bist, dann solltest du diesen _____ nicht nochmal _____ .

Übung 32   Thema ‚Arbeitsplatz'. Ergänzen Sie die Endungen der Adjektive und Artikel.

1. Unser____ neu____ Direktor ist nett____ , aber er hat ein____ unangenehm____ , herrisch____ Stimme.

2. Ich unterhalte mich ungern mit mein____ neu____ Kollegin, weil sie ein____ unfreundlich____ , mies____ Charakter hat.

3. In sein____ alt____ Firma hatte er ein____ sicher____ Arbeitsplatz. - In d____ neu____ Büro ist alles anders____ und viel kompliziert____ .

4. Er hat an ein____ berühmt____ , etabliert____ , alt____ Universität studiert und dazu noch bei ein____ bekannt____ Professor.

5. In Ihr____ detailliert____ Bewerbung gibt es nicht nur viel____ wichtig____ Informationen, sondern auch teilweise unnötig____ Angaben.

6. In sein____ Akten gibt es zu seinem groß____ Bedauern viel____ pikant____ Hinweise.

7. Die alt____ Mitarbeiterin in seinem Büro ist ein____ zuverlässig____ Person.

8. Unser____ neu____ Büro befindet sich in ein____ neu____ , futuristisch____ Gebäude, das von ein____ bekannt____ , italienisch____ Architekten entworfen wurde.

9. Er hat ein hell____ , gemütlich____ Büro, aber die modern____ Lampen sind nicht wirklich schön____ .

10. Wir freuen uns auf unser____ neu____ , jung____ Praktikanten. Er heißt Philipp und hat wohl an ein____ privat____ Hochschule sein____ exzellent____ Abschluss bekommen.

Übung 33   Ergänzen Sie die modalen Nebensätze mit einem der folgenden Ausdrücke: dadurch, dass / indem / ohne zu / ohne dass

    33.1   Sie geben hier Hinweise auf <u>Methode</u>, <u>Strategie</u> oder auf ein <u>Hilfsmittel</u>: Beispiel: Sie schützen Ihre Haut vor der Sonne **dadurch, dass / indem** Sie sich 20 Minuten vor dem Sonnenbad eincremen.

1. Sie können einer Erkältung vorbeugen, _____ Sie jeden Tag viel Obst und Gemüse essen, viel Sport treiben und sich möglichst lange an der frischen Luft aufhalten.

2. Sie können einer Erkältung vorbeugen _____ , _____ Sie jeden Tag Obst und Gemüse essen und viel Sport treiben.

3. _____ , _____ ich sehr viel geübt habe, habe ich mit diesem Thema keine Probleme mehr.

4. Du kannst dieses Thema besser verstehen, _____ du mehrere Übungen machst.

5. Mein Sohn hat die besten Ergebnisse in seiner Klasse _____ , _____ er jeden Tag unheimlich viel lernt.

6. Du erreichst die besten Resultate, _____ du jeden Tag fleißig lernst.

7. Man bekommt eine gute und richtige Aussprache, _____ man jeden Tag viel Radio hört und Filme in der Originalsprache sieht.

8. _____ , _____ man jeden Tag ins Schwimmbad geht und lange schwimmt, nimmt man viel und schnell ab.

9. Man bekommt einen Waschbrettbauch, _____ man auf eine gesunde, fettarme Ernährung achtet und viele Bauchübungen macht.

10. Man besteht die B2-Prüfung _____ , _____ man fleißig, motiviert und täglich lernt. Man sagt nicht umsonst: ohne Fleiß kein Preis.

11. Du bekommst schneller eine gute, deutsche Aussprache, _____ du jeden Tag deutsche Lieder hörst.

12. Du kannst günstigere Flugtickets bekommen, _____ du sie möglichst früh buchst.

13. Du findest einen guten Job _____ , _____ du ehrgeizig und zielstrebig lernst.

14. Du wirst schneller schlank, _____ du weniger fettiges Essen isst und mehr Sport treibst.

15. Du bekommst bessere Noten _____ , _____ du jeden Tag fleißig lernst und immer die Hausaufgaben machst.

16. Du wirst weniger Akzent haben, _____ du von Anfang an alle Buchstaben richtig aussprichst.

17. Du kannst günstige Tickets bekommen, _____ du nicht im Reisebüro, sondern im Internet buchst.

18. Papa kommt früher nach Hause, _____ er den ganzen Tag ohne Pause intensiv arbeitet.

19. Du wirst schneller abnehmen _____ , _____ du mehr Wasser trinkst und keine Süßigkeiten isst.

20. Du bekommst bessere Noten, _____ du nie die Schule schwänzt.

33.2   Vergessen Sie nicht, dass es hier um folgende Fragen geht:
Wie…?   Auf welche Art und Weise…?
Beispiel: Die Köche in unserer Kantine bereiten das Essen immer gleich zu und zwar immer, **ohne dass** sie es würzen. / **ohne** es **zu** würzen.

1. Wir sind stolz auf unseren kleinen Sohn. Er kann mittlerweile gehen, _____ _____ wir ihm helfen.

2. Nachdem ich mit dem Buch ‚Briefe schreiben B1-B2' geübt habe, kann ich jetzt Briefe schreiben, _____ _____ meine Frau mir hilft.

3. Das Essen, das von meiner Frau zubereitet wird, schmeckt mir nicht, denn sie kocht immer, _____ es ____ würzen.

4. Ich wundere mich über die Menschen, die Formulare unterschreiben, _____ sie ____ lesen.

5. Meine Schwiegermutter schenkt mir immer Bücher, _____ mich vorher ____ fragen, ob ich sie überhaupt haben will.

6. Herr Müller, machen Sie sich keine Sorgen. _____ Sie ____ fragen, unternehmen wir sowieso nichts.

7. Eine meiner Studentinnen, die immer so unfreundlich ist, antwortet ständig, _____ _____ ich sie gefragt habe.

8. Man unterschreibt keinen Mietvertrag, _____ _____ man die Wohnung vorher besichtigt hat.

9. Ich kann nicht einschlafen, _____ ____ wissen, dass meine Tochter an ihrem Urlaubsort gut gelandet und im Hotel gut angekommen ist.

10. Herr Meier, wir können Ihnen keine Diagnose stellen, _____ _____ wir Sie vorher gründlich untersucht haben.

11. _____ viel ____ arbeiten, verdient man sehr wenig.

12. _____ jeden Tag ____ lernen, bekommt man kein B2-Zertifikat.

13. Du wirst nicht gut verdienen, _____ _____ du viel und fleißig arbeitest.

14. _____ perfekt Deutsch ____ sprechen, findet man keinen anspruchsvollen Job.

15. Du bekommst kein B2-Zertifikat, _____ _____ du jeden Tag viel trainierst.

16. Du kannst nicht in die USA fliegen, _____ _____ du vorher ein Visum beantragst.

17. Du kannst mich nicht so spät besuchen, _____ mich vorher darüber ____ informieren.

18. Du darfst nicht mit dem Auto fahren, _____ vorher einen Führerschein ____ machen.

19. Man bekommt in Deutschland keinen guten Job, _____ vorher gut Deutsch gelernt ____ haben.

20. Du kannst in Deutschland niemanden besuchen, _____ _____ jemand dich eingeladen hat.

Übung 34   Ergänzen Sie die Sätze mit Präpositionen. Vergessen Sie nicht den Genitiv und die passenden Endungen der Adjektive und Nomen.

1. _____ d____ lang____ Flug____ nach Madrid haben wir viel gelacht.

2. _____ d____ Flugzeug__ durfte man nicht rauchen.

3. _____ d____ Flug____ war es sehr heiß.

4. _____ d____ stark____ Schlaftablette__ konnte ich _____ d____ ganz____ Flug____ nicht einschlafen.

5. _____ d____ Verspätung__ unser____ Flugzeug__ sind wir erst um 2 Uhr nachts in Madrid angekommen.

6. _____ unser____ Fahrt__ zum Hotel hatte ich kein Internet.

7. _____ d____ hoh____ Tagestemperatur__ in Madrid habe ich stark geschwitzt.

8. _____ d____ modern____ Klimaanlage unser____ Hotel__ war es einfach zu heiß.

9. _____ d____ lang____ Anreise__ konnte ich nicht sofort einschlafen.

10. _____ d____ laut____ Nachbarn__ im Zimmer nebenan war ich _____ d____ ganz____ Nacht__ wach.

11. _____ unser____ kurz____ Aufenthalt__ in Madrid haben wir viele Sehenswürdigkeiten besichtigt.

12. Wir haben viel Interessantes gesehen, sowohl _____ d____ Zentrum__ als auch _____ d____ alt____ Stadtkern__ .

13. _____ d____ heiß____ Wetter__ hat uns die Reise gut gefallen.

14. _____ d____ interessant____ , nett____ Menschen__ und _____ d____ lecker____ Essen__ ist Madrid immer eine Reise wert.

15. _____ d____ viel____ Unannehmlichkeiten__ _____ unser____ Anreise__ würde ich diese Stadt gern wieder besuchen.

16. _____ d____ südlich____ Sonne__ in Madrid habe ich eine schöne Gesichtsfarbe bekommen.

17. _____ mein____ nächst____ Urlaub__ möchte ich auch andere Städte _____ Spanien__ besuchen.

18. _____ mein____ streng____ Chef__ hoffe ich, dass ich möglichst bald wieder _____ Deutschland__ etwas unternehmen kann.

19. _____ mein____ schwer____ Job__ mit null Freizeit muss ich in den nächsten Monaten auf den Urlaub verzichten.

Übung 35   Ergänzen Sie die Sätze mit Modalverben im Präsens oder Präteritum.

1. Ich hatte gestern keine Zeit für meine Familie, ich _____ leider arbeiten. Heute _____ ich Gott-sei-Dank nicht arbeiten, heute habe ich Zeit für meine Lieben.

2. _____ du heute Abend zu mir kommen und mir helfen? – Nein, heute _____ ich nicht kommen, ich _____ heute bis 21 Uhr arbeiten.

3. Vor 25 Jahren _____ wir ein Visum haben, um nach Portugal zu fliegen Heutzutage _____ wir ohne Visum in alle EU-Länder reisen. Für die USA jedoch _____ wir ein Visum haben.

4. Ich _____ gestern Abend mit meinen Kumpels ins Kino gehen, aber ich _____ nicht, weil ich arbeiten _____ .

5. Heute habe ich Zeit und ich _____ mit dir etwas Schönes unternehmen.

6. Ich _____ am letzten Wochenende meine Eltern besuchen, aber ich _____ nicht, weil ich leider keine Zeit hatte.

7. Als Kind _____ ich immer viel lernen und ich _____ leider nie mit meinen Freunden in die Disco gehen.

8. Meine Frau richtete mir viele Grüße von meiner Mutter aus und sagte, ich _____ sie doch bitte anrufen. Sie _____ uns am Wochenende besuchen.

9. Liebe Mutti, entschuldige, ich _____ dich gestern Abend anrufen, aber ich habe es vergessen.

10. _____ Sie noch eine Tasse Tee haben? – Herzlichen Dank, ich _____ lieber ein Glas Wasser.

Übung 36   Nützliche Ausdrücke für Ihre mündliche B2-Prüfung

Liebe Leserinnen und Leser,

dieses Buch hat sich zum Ziel gesetzt, Ihnen bei der B2-Prüfung hilfreich zu sein.

In dieser letzten Übung des Buches möchte ich Ihnen einige Ausdrücke vorschlagen, die Ihnen bei der mündlichen B2-Prüfung, im Teil Präsentation, nützlich sein können.

Normalerweise präsentiert man in diesem Prüfungsabschnitt seinen Lieblingsfilm oder sein Lieblingsbuch.

Mit den folgenden Formulierungen verleihen Sie Ihrer Präsentation eine gewisse flüssige Ausdrucksweise.

---

1. Ich habe vor ein paar Wochen einen interessanten Film gesehen.
2. Diesen Film würde ich hier gerne präsentieren.
3. Ich habe dieses Buch vor ein paar Wochen gelesen.
4. Ich möchte hier von diesem Buch berichten.
5. Dieses Buch handelt von ...
6. Dieser Film handelt von ...
7. In diesem Buch handelt es sich um ...
8. Dieser Text handelt von ...
9. Es handelt sich bei ..... um .....
10. Ich bin der Auffassung, dass ...
11. Dieses Buch thematisiert .....
12. Dieser Film thematisiert .....
13. Dieses Buch behandelt die Beziehung zweier Menschen, die ...
14. Dieser Film behandelt die Beziehung zweier Menschen, die ...
15. Die Hauptfigur ist ...
16. Die Hauptdarsteller in diesem Film sind .....
17. An der Hauptfigur gefällt mir besonders, dass ...
18. Der Film ist spannend / informativ / interessant / traurig / usw.
19. Der Regisseur dieses Films ist ...

Auf dieser Seite haben Sie Platz für Ihre Notizen.

Hier könnten Sie vielleicht Verben mit Präpositionen aufschreiben, die Sie sich noch nicht so gut merken können.

_____

_____

_____

_____

_____

_____

_____

_____

_____

_____

_____

_____

_____

_____

_____

_____

_____

Lösungen

Übung 1

1. Gestern habe ich Thomas angerufen und wir haben einen Termin ausgemacht.
2. Ich habe mich mit Julia getroffen und wir sind zusammen in die Disco am Rudolfplatz gegangen.
3. Ich habe mich gestern den ganzen Abend auf die Prüfung vorbereitet und habe viele neue Wörter gelernt.
4. Tobias hat fünf Jahre lang in München studiert und zwei Jahre in Köln promoviert.
5. Wir haben günstige Tickets im Internet gefunden und haben sie sofort bestellt.
6. Werner hat sich lange für Politik engagiert und ist einer Partei beigetreten.
7. Ich bin todmüde in Bonn angekommen, habe ein Taxi genommen und bin nach Hause gefahren.
8. Ich habe einen neuen Vertrag bei einer Telefongesellschaft abgeschlossen und habe ein neues Handy erhalten.
9. Wir haben ein falsches Zimmer im Hotel bekommen und wir haben uns sofort bei der Rezeption darüber beschwert.
10. Ich bin in die Sprachschule gefahren und habe mich über die neuen Kurse informiert.
11. Elke hat in der Zahnarztpraxis angerufen und hat einen Termin für professionelle Zahnreinigung ausgemacht.
12. Jens hat sich im neuen Fitnessstudio nach den Vertragsbedingungen erkundigt und hat den Mitgliedsvertrag unterschrieben.
13. Wir sind ganz spät in Chemnitz angekommen und sind mit dem Bus nach Hause gefahren.
14. Meine Oma ist eine Woche lang krank gewesen und ich habe sie am letzten Freitag besucht.
15. Wir haben eine Stunde lang mit unserem Opa geskypt.
16. Ich habe das ganze Wochenende lang für mein neues Projekt mit Google recherchiert.
17. Herr Müller von der dritten Etage hat sich bereits zwei Mal über die neuen Nachbarn bei der Hausverwaltung beschwert.
18. Bei der letzten Eigentümerversammlung haben wir viele wichtige Themen besprochen.
19. Ich habe beim zuständigen Finanzamt eine Verlängerung der Abgabefrist meiner Steuererklärung beantragt.
20. Am letzten Wochenende haben erneut Tausende gegen die aktuelle Steuerpolitik protestiert.
21. Ich habe mich immer gern mit meinen alten Nachbarn unterhalten.
22. Seine ehemalige Chefin hat ihm leider eine Absage erteilt.
23. Wir sind alle Zahlen im neuen Bericht mehrmals durchgegangen.
24. Er ist die ganze Nacht nicht mal für eine Stunde eingeschlafen.
25. Wir haben uns zu einem Abendessen verabredet.
26. Mit so vielen Gästen haben wir ehrlich gesagt nicht gerechnet.
27. Sabine hat sich nach zehn Jahren von ihrem Mann getrennt.
28. Ich habe mich nach der Abfahrt des nächsten ICEs nach München erkundigt.
29. Um die Karten zum Oktoberfest hat sich Maximilian bereits im Mai gekümmert.
30. Unser Chef hat uns über die neuen Regeln in unserer Firma per Mail benachrichtigt.

Übung 2

1. Ich telefoniere mit meinem Freund aus der Ukraine.
2. Ich spreche mit meiner Freundin aus dem Iran.
3. Ich chatte mit meiner Kollegin aus der Schweiz.
4. Das ist ein Mann aus dem Irak.
5. Das ist eine Frau aus der Türkei.
6. Das ist ein Politiker aus der Slowakei.
7. Ich spreche mit meinem Bruder über den Film.
8. Ich war gestern mit meiner Schwester im Kino.
9. Ich war am letzten Wochenende mit meinen Eltern in einem Eiscafé.
10. Ich fahre mit der U-Bahn zum Hbf.
11. Ich fahre mit dem Auto ins Parkhaus.
12. Wir fahren mit dem Taxi zum Flughafen.
13. Ich komme aus einem Dorf und meine Chefin kommt aus einer Stadt.
14. Wie ist das Wetter in der Türkei? - In der Türkei ist das Wetter immer gut.
15. Wie ist das Wetter in der Ukraine? - In der Ukraine ist es regnerisch.
16. Nach der Arbeit gehe ich ins Museum.
17. Nach dem Büro gehe ich in den Supermarkt.
18. Nach dem Abendessen gehen wir in die Disco.
19. Nach dem Kino gehen wir in die Disco.
20. Ich gehe mit meiner Tochter in den Park.
21. Ich bringe meinen Sohn in den Kindergarten.
22. Seine Eltern sind jetzt im Taxi und fahren ins Krankenhaus.
23. Er geht heute Nachmittag mit seinem Sohn ins Museum.
24. Er ist jetzt mit seinem Sohn im Museum.
25. Er geht zum Arzt, zur Apotheke, zum Masseur.
26. Du wartest auf den Bus, auf den Zug, auf die Bahn.

27. Wir fahren mit dem Zug in die Schweiz.
28. Er fliegt mit seiner Familie in die Türkei.
29. Du spielst mit deinem Hund im Garten.

Übung 3

1. Das Buch liegt auf dem Tisch. Ich lege das Buch auf den Tisch.
2. Der Hund liegt unter dem Tisch. Ich lege sein Spielzeug unter den Tisch.
3. Die Vase steht auf dem Tisch. Ich stelle die Vase auf den Tisch.
4. Die Blumen stehen in der Vase. Ich stelle die Blumen in die Vase.
5. Das Handy liegt auf dem Tisch. Ich lege das Handy in die Tasche.
6. Die Brille liegt auf dem Regal. Ich lege die Brille in die Schublade.
7. Der Lippenstift liegt auf dem Nachttisch. Ich lege den Lippenstift in die Tasche.
8. Die CD liegt auf dem Schreibtisch. Ich lege die CD auf den Esstisch.
9. Das Bild hängt an der Wand. Ich hänge das Foto an die Wand.
10. Die Werbung hängt an der Wand. Ich hänge die Wohnungsanzeige an die Wand.
11. Die Katze liegt auf dem Sofa. Ich lege die Katze auf den Boden.
12. Ich stelle das Sofa an die Wand. Das Sofa steht an der Wand.
13. Ich hänge unser Familienfoto an die Wand. Das Familienfoto hängt an der Wand.
14. Ich stelle die Schuhe vor die Tür. Die Schuhe stehen vor der Tür.
15. Mein Terminkalender liegt auf dem Schreibtisch. Ich lege meinen Terminkalender auf den Schreibtisch.
16. Der Schlüssel steckt im Schloss. Ich stecke den Schlüssel in das Schloss.
17. Meine Fahrkarte liegt auf dem Kühlschrank. Ich lege meine Fahrkarte in die Schublade.

Übung 4

1. Mit welchem Mann telefonierst du? - Mit diesem.
2. Welchem Mann hast du dein Handy gegeben? - Diesem.
3. Aus welchem Land kommst du? - Aus diesem.
4. Mit welcher Kollegin telefonierst du? - Mit dieser.
5. In welcher Stadt wohnst du? - In dieser.
6. Über welchen Film sprichst du? - Über diesen.
7. Über welchen Freund ärgerst du dich? - Über diesen.
8. Mit welchem Bus bist du gekommen? - Mit diesem.
9. Welches Auto hast du? - Dieses.
10. Aus welcher Stadt kommt dein Schwager? - Aus dieser.
11. Welcher Freundin schenkst du diesen wunderschönen Blumenstrauß? - Dieser.
12. Durch welchen Park gehst du spazieren? - Durch diesen.
13. In welchem Semester studierst du? - Im fünften.
14. Mit welcher Fluggesellschaft fliegst du? - Mit dieser italienischen.
15. Gegenüber welcher Bank befindet sich dein Büro? - Gegenüber dieser großen Bank.

Übung 5

1. Wenn ich jetzt 17 Jahre alt wäre, würde ich nach Spanien auswandern.
2. Wären Sie so nett mir zu helfen?
3. Du solltest mehr Zeit mit deinem Kind verbringen.
4. Ich wäre gern ein Superstar.
5. Wenn ich viel Geld hätte, müsste ich nicht so viel arbeiten.
6. Hättest du heute Abend Zeit, um mir zu helfen? Es wäre sehr nett von dir.
7. Für die Liebe wäre ich für vieles bereit. Ich würde sogar ins Ausland umziehen.
8. Wären Sie so freundlich, mir mit dem Kinderwagen zu helfen?
9. Wenn ich es könnte, würde ich allen armen Menschen helfen.
10. Es wäre so wunderschön, einmal im Leben Prinz Karneval im Kölner Karneval zu sein.
11. Wärest du bereit, für die Karriere auf die Familie zu verzichten?
12. Würde ich weniger Süßigkeiten essen, müsste ich nicht so viel Sport treiben und ich wäre dann nicht so dick.

Übung 6

1. Man rechnet Deutschland zu den größten Industrienationen.
2. Wir beginnen die heutige Sitzung mit der Verlesung des Protokolls.
3. Man zählt München zu den schönsten Städten Europas.

4. Frau Sievert entschuldigt sich bei ihren Nachbarn für den Krach.
5. Herr Wolters, ich möchte Sie an den wichtigen Termin heute Nachmittag erinnern.
6. In meiner Familie glauben alle an Gott.
7. Ich halte Frau Schöpfel für eine kreative Person.
8. Meine Katze fürchtet sich vor Hunden.
9. Die Europäer glauben an den Fortschritt und eine weitere Entwicklung.
10. Interessieren Sie sich für die mittelalterliche Geschichte?
11. Frau Schmitz leidet an einer chronischen Krankheit.
12. Mein Eis riecht nach Vanille und Schokolade.
13. Über deine blöden Witze kann ich nicht lachen.
14. Unsere Wirtschaft profitiert von unserer nachhaltigen Politik.
15. Ich habe Herrn Müller für den Chef der Firma gehalten.
16. Meine Eltern halten mich für faul. Das stimmt aber nicht.
17. Unsere Bundeskanzlerin kämpft für die Rechte der Frauen.
18. Kinder sollten sich schon früh an Ordnung gewöhnen.
19. Wir freuen uns schon auf die nächste Reise nach Salzburg.
20. Der Tourist fragte mich nach dem Weg zum Dom.
21. Menschen in Krisengebieten hoffen auf schnelle Hilfe.
22. Meine Frau interessiert sich für Antiquitäten.
23. Frauen kämpfen schon lange für die Gleichberechtigung.
24. Minderheiten kämpfen gegen Intoleranz.
25. Die Schüler protestieren gegen die Schulpolitik.
26. In diesem Film geht es um die Liebe.
27. Meine Frau zweifelt an meiner Ehrlichkeit.
28. Wir sprechen mit unseren Eltern über die nächste Geburtstagsparty.
29. Eine gute Sonnenbrille schützt die Augen vor UV-Strahlung.
30. Die Uniklinik spezialisiert sich auf verschiedene Krankheiten.
31. Simone hat sich von ihrem untreuen Mann getrennt.
32. Christian zweifelt an der Ehrlichkeit seiner Schwester.
33. Es kommt jetzt auf schnelle Hilfe an.
34. Nach dem Fußballspiel kam es wiederholt zu Krawallen.
35. Wir suchen schon lange nach einer neuen Wohnung.
36. Wir wundern uns oft über unsere Nachbarn.
37. In diesem Gedicht geht es um die Liebe.
38. Wir lachen immer über unsere süße Katze.
39. Ich kann mich immer auf meine Freunde verlassen.
40. Ich kann mich nicht an die deutsche Küche gewöhnen.
41. Ich danke Ihnen für das tolle Geschenk.
42. Ich bedanke mich bei meinen Schwiegereltern für das schöne Geschenk.
43. Man sollte Orchideen vor Kälte schützen.
44. Lieber Herr Schmitz, unser Hotel möchte sich bei Ihnen für dieses Missverständnis entschuldigen.
45. Ich muss oft an meine Familie in meiner Heimat denken.
46. Mein Sohn interessiert sich für Computerspiele.
47. Ich suche seit zwei Monaten nach einer Wohnung im Zentrum von Nürnberg.
48. Ich freue mich sehr auf den nächsten Urlaub. Diesmal geht es nach Spanien.
49. Peter bedankt sich bei seinen Kollegen für die schöne Zeit in der Firma.
50. Ich verabschiede mich von meinen Eltern, weil ich morgen für ein halbes Jahr nach Australien gehe.
51. Wir diskutieren oft mit unserem Lehrer über die Kultur des Landes.
52. Ich kümmere mich um meine kranke Oma.
53. Ich interessiere mich für deutsche Literatur.
54. Kann ich dich um einen Gefallen bitten?
55. Meine Freundin kann sich einfach nicht an das deutsche Essen gewöhnen.
56. Du musst dich unbedingt bei deinen Nachbarn für den Lärm entschuldigen.
57. Elke sorgt sich um ihre berufliche Perspektive.
58. Ich denke oft über meine Zukunft nach.
59. Meine Frau kann auf ihr Auto nicht verzichten.
60. Wie hat deine Schwiegermutter auf deinen Vorschlag reagiert?
61. Sie müssen sich mehr auf Ihre Karriere konzentrieren.
62. Ich unterhalte mich ungern über Politik.
63. Ich verabschiede mich ungern von meinen lieben Kollegen.
64. Wir lachen immer über unseren dicken, faulen Hund.
65. Der gutaussehende Spanier fragte mich nach dem Weg zum Schloss Nymphenburg.

Übung 7

1. Ich träume von einem schönen Haus in den Bergen. - Wovon träumst du?
2. Sabine sehnt sich nach ihrem Sohn. - Wonach sehnt sich Sabine?
3. Ich warte zu Hause auf meinen Bruder. - Auf wen wartest du?
4. Ich warte auf den ICE. - Worauf wartest du?
5. Klaus sehnt sich nach seiner Heimat. - Wonach sehnt sich Klaus?
6. Ich sende einen Brief an die Hausverwaltung. - An wen sendest du den Brief?
7. Julia sendet einen Brief an ihre Großmutter. - An wen sendet Julia einen Brief?
8. Ich unterhalte mich gern über klassische Musik. - Worüber unterhältst du dich gern?
9. Du unterhältst dich gern über deine Nachbarn. - Über wen unterhalte ich mich gern?
10. Ich unterhalte mich gern mit meinen Nachbarn. - Mit wem unterhältst du dich gern?
11. Ich unterhalte mich gern mit meiner lieben Schwiegermutter. - Mit wem unterhältst du dich gern?
12. Ich spiele gern mit meinem neuen Handy. - Womit spielst du gern?
13. Stefan achtet sehr auf seine Schuhe. - Worauf achtet Stefan sehr?
14. Unsere Politiker engagieren sich für die Rechte der Minderheiten. - Wofür engagieren sie sich?
15. Ich freue mich auf den Urlaub im nächsten Sommer. - Worauf freust du dich?
16. Ich bewerbe mich um einen neuen Job. - Worum bewirbst du dich?
17. Ahmad denkt oft an seine Eltern. - An wen denkt Ahmad oft?
18. Wir warten seit 30 Minuten auf unseren ICE. - Worauf wartet ihr?
19. Wir unterhalten uns gern mit unserem Lehrer über Malerei. - Mit wem unterhaltet ihr euch gern und worüber?
20. Meine Cousine achtet sehr auf ihren Körper und auf gesunde Ernährung. - Worauf achtet deine Cousine?
21. Ich unterhalte mich gern mit meinem Schwager. - Mit wem unterhältst du dich gern?
22. Ich spiele gern mit meinem neuen Computer. - Womit spielst du gern?
23. Stefan achtet sehr auf sein Aussehen. - Worauf achtet Stefan sehr?
24. Unsere Politiker engagieren sich für die Rechte der Frauen. - Wofür engagieren sie sich?
25. Ich freue mich auf den Ausflug zum Schloss Bensberg. - Worauf freust du dich?
26. Ich bewerbe mich um einen anspruchsvollen Job. - Worum bewirbst du dich?
27. Lorenz denkt oft an seine Eltern. - An wen denkt Lorenz oft?
28. Wir warten seit 20 Minuten auf unseren Zug. - Worauf wartet ihr?
29. Wir unterhalten uns gern mit unserem Lehrer über die auswärtige Politik. - Mit wem unterhaltet ihr euch gern worüber?
30. Du denkst oft an deine Kinder. - An wen denke ich oft?
31. Meine Oma hat sich immer um mich gekümmert. - Um wen hat sich deine Oma immer gekümmert?
32. Ich mache mir immer Sorgen um die Zukunft meiner Kinder. - Worum machst du dir Sorgen?
33. Ich suche schon sehr lange nach einer Erklärung für dieses Phänomen. - Wonach suchst du so lange?
34. Koffein wirkt sich negativ auf unser Nervensystem aus. - Worauf wirkt sich Koffein negativ aus?
35. Die Firma „LLLL" profitiert von den niedrigen Ölpreisen. - Wovon profitiert die Firma „LLLL"?
36. Unsere Kommunalpolitiker wenden sich an alle Bürger. - An wen wenden sich unsere Kommunalpolitiker?
37. Unsere Universität ist auf Betriebswirtschaftslehre spezialisiert. - Worauf ist deine Universität spezialisiert?
38. Ich kann mich leider an diesen alten Film nicht mehr erinnern. - Woran kannst du dich nicht mehr erinnern?

Übung 8

1. Je weniger Thomas isst, desto schlanker wird er.
2. Je fleißiger du arbeitest, desto größer sind deine Erfolge.
3. Je mehr du lernst, desto besser wird deine Note im nächsten Test sein.
4. Je mehr Sport er treib, desto gesünder ist er.
5. Je mehr du reist, desto mehr interessante Orte siehst du.
6. Je länger ich lerne, desto mehr weiß ich.
7. Je mehr wir reisen, desto mehr sehen wir.
8. Je länger ich schlafe, desto mehr Energie habe ich.
9. Je öfter ich ins Fitnessstudio gehe, desto muskulöser werde ich.
10. Je schneller dieses Auto fährt, desto lauter ist es.
11. Je bunter die Ostereier sind, desto beliebter sind sie.

Übung 9

1. Das ist die neue Kollegin, die aus einer renommierten Schule kommt.
2. Das ist der Mann, der Hamburg als das Venedig des Nordens bezeichnet.
3. Das ist das Mädchen, das sich nie schminkt.
4. Das ist das Haus, in dem ich seit zwei Jahren wohne.
5. Das ist das Buch, das ich gestern gekauft habe.
6. Das Buch, aus dem ich diese Übung genommen habe, ist empfehlenswert.
7. Die Schülerin, die immer am Fenster sitzt, hatte einen Verkehrsunfall.

8. Enrico ist der junge Mann, der aus Süditalien kommt.
9. Da drüben steht der Kollege, mit dem ich gestern telefoniert habe.
10. Kylie Minogue ist die Sängerin, die kürzlich in Köln gastierte.
11. Nadine ist die Studentin, die sich für deutsche Geschichte interessiert.
12. Das Haus, in dem ich wohne, ist riesig groß.
13. Die Wohnung, in der Natalja wohnt, ist gemütlich.
14. Der ICE, auf den ich seit 15 Minuten warte, hat wieder große Verspätung.
15. Die Freunde, mit denen ich gestern telefoniert habe, wohnen in Dresden.
16. Das Auto, mit dem ich gerne fahre, gehört meiner Frau.
17. Der Film, von dem du mir erzählt hast, läuft gerade im Cinedom.
18. Das Hotel, in dem wir unseren letzten Urlaub verbrachten, ist luxuriös.
19. Das ist der Lehrer, der uns immer so viele Hausaufgaben gibt.
20. Das ist der Lehrer, mit dem wir uns gern über deutsches Brauchtum unterhalten.
21. Die Prüfung, auf die wir uns vorbereiten, ist nicht einfach.
22. Die Schule, in der wir Deutsch lernen, ist klein, aber gemütlich.
23. Das Thema, mit dem wir noch Probleme haben, wird gerade behandelt.
24. Der Urlaub, von dem ich so lange schon träume, findet im Oktober statt.
25. Die Stadt, in der wir wohnen, ist groß und schön.
26. Ich freue mich auf den Ausflug, den wir am Wochenende machen werden.
27. Der Palast, den wir in London gesehen haben, heißt „Buckingham Palace".
28. Das Schloss, das wir vorgestern besichtigten, ist „Schloss Oberschleißheim".
29. Der Schriftsteller, über den ich eine Sendung gesehen habe, heißt Erich Kästner.
30. Die Arbeitsstelle, um die ich mich bewerbe, ist sehr anspruchsvoll.
31. Der Karnevalsverein, in dem ich Mitglied bin, stammt schon von 1917.
32. Die Organisation, für die ich mich engagiere, kümmert sich um Obdachlose.
33. Der Mann, in den sich Petra verliebte, heißt Klaus.
34. Der Nachbar, über den ich mich immer ärgere, wohnt im vierten Stock.
35. Corinna ist die Schülerin, die nie ihre Hausaufgaben vergisst.

Übung 10

1. Sein Auto ist schnell, modern und sehr teuer.
2. Ich telefoniere gern mit meiner alten Nachbarin.
3. Wenn ich Zeit habe, gehe ich gern in einem kleinen Park spazieren.
4. Wir sind mit einer italienischen Fluggesellschaft nach Rom geflogen.
5. In Potsdam gibt es nicht nur ein wunderschönes Schloss, sondern auch einen großen, alten Park mit einem kleinen See.
6. Peters neue Wohnung ist klein, aber gemütlich.
7. Das ist ein guter Plan.
8. Deine Ideen sind immer interessant.
9. In dem neuen Buch von einem bekannten, deutschen Schriftsteller geht es um einen unglücklichen Mann.
10. Der Film ist wirklich interessant.
11. Ludger hat sich ein neues Fahrrad gekauft.
12. Ich fahre ungern mit den neuen, schnellen Zügen.
13. In den Urlaub nehme ich einen großen Koffer und eine kleine Handtasche mit.
14. Auf dem Tisch steht eine schöne, antike Vase aus Meißner Porzellan.
15. Ich höre gern ein altes, bekanntes Lied von Udo Jürgens.
16. Die Lieder von Udo Jürgens sind melodiös und sentimental.
17. Claudia ist eine nette und hilfsbereite Person.
18. Das ist kein großes Problem.
19. Zum Geburtstag wünsche ich mir eine kleine, schwarze Tasche.
20. Im Winter trage ich immer eine warme, dicke Jacke und einen kuscheligen Schal.
21. Mein Schal ist lang, breit und warm.
22. Katharinas neuer Freund ist sehr sympathisch.
23. Unsere neue Nachbarin hat eine kleine, süße Katze.
24. Gestern habe ich eine interessante Ausstellung im neuen, großen Museum besucht.
25. Meine Mama hat gestern einen leckeren Kuchen gebacken.
26. Die neue Kollegin hat eine kleine Nase und schöne, blonde Haare. Ihre Augen sind blau und sie hat schöne, kleine Hände.
27. Wir diskutierten gestern über ein altes, bekanntes Buch von Thomas Mann.
28. Günther hat eine gemütliche Maisonette im Zentrum von Dresden.
29. Das ist ein nützlicher Ratschlag.
30. Ich gehe in ein altes, schönes Theater.
31. Er lernt Deutsch in einer großen, privaten Schule.
32. Wir haben einen netten, aufmerksamen Lehrer.
33. Matthias telefoniert mit seinem alten, guten Freund aus Aurich.
34. Wir gehen zusammen in einen großen, schönen Park.

35. Thorsten hat eine große, kuschelige Katze.
36. Ich unterhalte mich gern mit meinem lieben, alten Onkel Otto.
37. Ich höre ein altes, bekanntes Lied von Nena.
38. Das ist ein leckerer, schwäbischer Eintopf.
39. Ich lese ein spannendes, bekanntes Buch von Theodor Storm.
40. Ich habe einen bombastischen, neuen Film von Roland Emmerich gesehen.

Übung 11

1. Die nächste Party wird von Uwe organisiert.
2. Dieser Tisch wurde von ihm bei einem online-Shop entdeckt.
3. Beide Kinokarten sind von Elke gekauft worden.
4. Viele Gedichte wurden von Bertold Brecht schon in jungen Jahren geschrieben.
5. Die Bürgerbefragung wird von unserem Oberbürgermeister selbst organisiert.
6. Dieses schöne Schloss ist von König Ludwig II. gebaut worden.
7. Ich wurde von Werner zur Einweihungsparty eingeladen.
8. Dieses E-bike ist von Andreas bestellt worden.
9. Wie wird das gemacht?
10. Wie wird dieses Wort übersetzt?
11. Unsere Oma wird von uns selbst zu Hause gepflegt.
12. Das Haus wird von der Firma „NNN" schlüsselfertig gebaut.
13. Ich bin von Stefan zum Geburtstag eingeladen worden.
14. Eine seltsame Rechnung ist mir von meinem Telefonanbieter gesendet worden.
15. Ein neues grammatikalisches Thema ist heute von unserem Lehrer begonnen worden.
16. Diese neue Küche ist von uns komplett im Internet bestellt worden.
17. Meine Wohnung ist immer von mir geputzt worden.
18. Ich bin von meinem Anwalt über meine Rechte informiert worden.
19. Ein neuer Bildband über die Eifel ist von einem großen Verlag veröffentlicht worden.
20. Ein wunderbares Gemälde ist von einem bekannten Auktionshaus für 10 Millionen versteigert worden.

Übung 12

1. Unsere Gruppe beschäftigt sich heute mit einem neuen grammatikalischen Thema. - Womit?
2. Mein Hausarzt warnt vor diesen neuen Tabletten. - Wovor?
3. Über die hohen Preise bei der Bahn kann man sich nur wundern. - Worüber?
4. Meine Gäste sagen mir, dass sie sich ganz nach mir richten. - Nach wem?
5. An der Niederlage im letzten Fußballspiel sind wir alle schuld. - Woran?
6. Der Fahrgast erkundigt sich nach der neuen Abfahrtszeit des ICE. - Wonach?
7. Ich fürchte mich vor der großen Kälte. - Wovor?
8. Werner engagiert sich seit vielen Jahren für seinen Karnevalsverein. - Wofür?
9. Die Politiker diskutieren mit den Bürgern über wichtige Themen. - Mit wem?
10. Ich diskutiere ungern über die Reformen. - Worüber?
11. Wir diskutieren mit unserer Hausverwaltung über die Erneuerung der Gasleitung. - Mit wem und worüber?
12. Ich träume von einem verlängerten Wochenende, an dem ich die Schlösser des König Ludwig II von Bayern besichtigen kann. - Wovon?
13. Nach dem Abendessen in diesem exotischen Restaurant riecht meine Kleidung nach unbekannten Gewürzen. - Wonach?
14. Stefan erinnert sich gern an seinen Aufenthalt in Hamburg. - Woran?
15. Eine junge Sängerin aus Düsseldorf nimmt am Eurovision Song Contest teil. - Woran?
16. Meine Mutter interessiert sich für Bücher von Erich Kästner. - Wofür?
17. Wir stellen uns auf gutes Wetter am Wochenende ein. - Worauf?
18. Mein Vater rät mir vom Kauf dieses alten Autos ab. - Wovon?
19. In einem bekannten Lied von Udo Jürgens geht es um Liebe ohne Leiden. - Worum?
20. Alle Pflanzen tragen zu der Verbesserung des Klimas bei. - Wozu?
21. Wolfgang engagiert sich schon lange für seinen Trachtenverein. - Wofür?
22. Wenn Sie Probleme haben, wenden Sie sich bitte an die Beratungsstelle. - An wen?
23. Als ich ein Kind war, hat sich meine Oma immer um mich gekümmert. - Um wen?
24. Ich wundere mich über dein seltsames Verhalten. - Worüber?
25. Meine Schwester sagt, dass ich besser auf meine Sachen achten muss. - Worauf?
26. Danke für dein Angebot, ich muss darüber nachdenken. - Worüber?
27. Wenn ich alleine in Urlaub bin, denke ich immer an meine Kinder. - An wen?
28. Unsere Politiker kämpfen für mehr Toleranz. - Wofür?
29. Er streitet sich oft mit seinen Nachbarn. - Mit wem?
30. Das Weihnachtsmenü besteht aus mehreren Gerichten. - Woraus?
31. Du solltest dich gründlicher auf die Prüfung vorbereiten. - Worauf?

Übung 13

1. Ich bewundere gerade das Gemälde eines alten, bekannten, italienischen Malers.
2. Der Vater meiner ehemaligen Schulfreundin ist ein guter Orthopäde.
3. Die Mutter meiner lieben Nachbarin ist eine wunderbare Köchin.
4. Werner ist das neue Mitglied unseres Karnevalsvereins.
5. Herr von Westfalen ist der langjährige Vorsitzende unserer Partei.
6. Frau Schmitz ist die Leiterin meiner neuen Schule.
7. Am Flohmarkt habe ich die Uniform eines alten, preußischen Offiziers gefunden.
8. Im Lied eines beliebten, italienischen Sängers geht es um tragische Liebe.
9. In einem Wiener Museum sind die Kleider und der Schmuck einer bayerischen Prinzessin ausgestellt.
10. In der Kölner Philharmonie werden heute Abend Werke eines bekannten, russischen Komponisten gespielt.
11. Im Roman eines bekannten brasilianischen Schriftstellers wird die geheimnisvolle Welt einer jungen Frau geoffenbart.
12. Im Bericht unseres ehrgeizigen Mitarbeiters geht es um die verbesserte Strategie unserer neuen Filiale in der Schweiz.

Übung 14

1. Trotz aller Bemühungen des Arztes konnte man dem Patienten nicht helfen.
2. Wegen der lauten Musik aus der Wohnung der Geissens können wir nicht einschlafen.
3. Wegen der zentralen Lage unserer Wohnung ist unsere Miete wieder erhöht worden.
4. Ich bin heute trotz meiner schrecklichen Erkältung ins Büro gekommen.
5. Wegen seines neuen Jobs muss er von Köln nach Aachen umziehen.
6. Wegen der internationalen Möbelmesse sind alle Hotels ausgebucht.
7. Wegen ihrer schlechten Noten im Abitur darf sie an der Passauer Uni nicht studieren.
8. Wegen der Krankheit unseres Hundes bleiben wir zu Hause und fliegen nicht in den Urlaub.
9. Wegen des schrecklichen Staus auf der A9 ist Herbert wieder mal zu spät zum wichtigen Termin gekommen.
10. Trotz des Regens ist die Erde im Garten noch zu trocken, es müsste noch die ganze Nacht regnen.
11. Meine Frau sagt mir, dass sie wegen meiner Unzuverlässigkeit immer traurig ist, dabei bin ich so ein lieber Kerl.
12. Wegen des Baus einer neuen Straßenbahnlinie am Zülpicher Platz haben wir den ganzen Tag Lärm in unserer Wohnung.
13. Wegen des Kaufs eines teuren Autos müssen wir leider auf den nächsten Sommerurlaub verzichten.
14. Wegen der verrückten Idee, mitten in der Woche in die Disco zu gehen, muss ich jetzt unausgeschlafen und mit Kopfschmerzen im Büro sitzen.
15. Trotz des schnellen Internets dauert es noch lange, bis ich den ganzen Film aus dem Internet heruntergeladen habe.
16. Wegen der langen Arbeitswoche bin ich sehr müde.
17. Wegen des Genitivs sitzen wir stundenlang in der Schule und schreiben komplizierte Sätze.
18. Wegen der deutschen Grammatik kann ich nachts nicht gut schlafen. Ich träume nur noch vom Genitiv.
19. Wegen meiner Abschiedsparty muss ich noch vieles organisieren und einkaufen.
20. Trotz des leckeren Essens war die Party langweilig.
21. Wegen der großen Reise habe ich lange Zeit weder meine Eltern noch meine Freunde gesehen.
22. Trotz einer langen Krankheit sieht sie frisch und munter aus.
23. Trotz des spannenden und erholsamen Urlaubs sieht sie müde aus.
24. Wegen des langen, angenehmen Urlaubs siehst du frisch und erholt aus.
25. Wegen des kalten Winters in Deutschland verbringen viele deutsche Rentner die Wintermonate lieber in Spanien.
26. Wegen des starken Windes ist meine Antenne auf dem Dach beschädigt.
27. Wegen deines netten Komplimentes bin ich rot geworden.
28. Wegen eines wichtigen europaweiten Feiertags sind alle Geschäfte und Firmen geschlossen.
29. Wegen unseres kranken Kindes haben wir die Reise nach Südamerika gestrichen.
30. Meine Frau sagt mir, dass sie wegen meines unverantwortlichen Verhaltens manchmal wütend ist.

Übung 15

1. Ich würde so gerne wissen, ob ich in diesem Jahr alles erreiche, was ich mir vorgenommen habe.
2. Ich hoffe sehr, dass alles, was ich mir vorgenommen habe, in Erfüllung gehen wird.
3. Obwohl (obgleich, obschon) ich mir so viel Mühe gebe, verstehe ich die Sache mit dem Genitiv nicht gut.
4. Meine Oma fragt mich, ob ich sie am nächsten Wochenende besuchen werde.
5. Ich weiß noch nicht, ob ich am Wochenende meine Großeltern besuchen werde.
6. Meine Chefin kann sicher sein, dass ich gut und fleißig arbeite.
7. Ich habe heute so viel Stress gehabt und bin so müde, deshalb gehe ich heute früher ins Bett.
8. Ich hoffe sehr, dass du uns bald wieder besuchst.
9. Unser Lehrer sagte, dass er gerne zum Konzert von Helene Fischer gehen würde.
10. Ich wünsche dir zum Geburtstag alles Gute und, weil (da) du so viel arbeitest, wünsche ich dir mehr Freizeit.
11. Wenn ich Zeit habe, telefoniere ich mit meinen Freundinnen.
12. Unser Lehrer sagt uns, dass er davon träumt, in Barcelona zu leben.

13. Ich glaube, dass ich diesen Film schon mal gesehen habe.
14. Weißt du, ob Walter gebürtig aus München kommt?
15. Wenn du weiter so wenig lernst, wirst du nie gut Deutsch sprechen.
16. Unser lieber Lehrer fragt uns jeden Tag, ob wir die Hausaufgabe gemacht haben.
17. Nachdem ich mich gestern Abend zu Hause auf den Test gut vorbereitet hatte, hatte ich heute Morgen in der Prüfung keine Probleme.
18. Wegen der intensiven Vorbereitung gestern, habe ich heute den Test ohne Probleme schreiben können.
19. Obwohl ich mich so gut auf den Test vorbereitet habe, habe ich ihn leider nicht bestanden.
20. Mein Vater möchte wissen, ob ich den Test bestanden habe.
21. Ich hoffe sehr, dass ich bald gut Deutsch sprechen kann.
22. Ich wünsche dir, dass du einen guten Arbeitsplatz in Deutschland findest.

Übung 16

1. Ich habe am Wochenende Geburtstag, deshalb organisiere ich eine Geburtstagsparty.
2. Ich esse zu viel, deswegen bin ich dick.
3. Das Wetter ist heute herrlich, deshalb gehen wir in den Park.
4. Die Sonne scheint, deswegen gehen wir am Rhein spazieren.
5. Ich schreibe morgen einen Test, deshalb lerne ich heute den ganzen Abend.
6. Ich lebe in Deutschland, deswegen lerne ich die deutsche Sprache.
7. Ich hatte gestern einen wichtigen Termin, deshalb war ich nicht in der Schule.
8. Ich bin erkältet, deswegen kann ich heute nicht ins Büro kommen.
9. Wir feiern bald Karneval, deshalb kaufe ich interessante Karnevalskostüme.
10. Ich habe Hunger, deswegen gehe ich in die Mensa.
11. Der Winter in Deutschland ist kalt, deshalb brauche ich eine warme Jacke.
12. Meine Freundin hat bald Geburtstag, deswegen brauche ich ein gutes Geschenk.
13. Ich habe Fieber, deshalb bleibe ich heute im Bett.
14. Ich mache viel Sport, deswegen habe ich einen schönen Körper.
15. Ich gehe fast jeden Tag ins Schwimmbad, deshalb bin ich schlank und durchtrainiert.
16. Ich mache jeden Tag Hausaufgaben, deswegen habe fast keine Probleme mehr mit der Grammatik.
17. Ich interessiere mich für deutsche Literatur, deswegen habe ich mehrere Bücher von Goethe zu Hause.
18. Ich bin so dick, deshalb mache ich ab Montag eine Diät.
19. Ich habe bald Urlaub, deswegen gehe ich ins Reisebüro.

Übung 17

1. Innerhalb der Landesgrenze (Landesgrenzen) brauchen wir keinen Reisepass.
2. Innerhalb des Hauses trage ich nur Hausschuhe.
3. Innerhalb des Hotels dürfen Sie Hotelbademäntel tragen.
4. Innerhalb unserer Schule funktioniert das W-LAN gut.
5. Außerhalb der Landesgrenze (Landesgrenzen) brauchen unsere Bürger den Reisepass.
6. Außerhalb des Deutschunterrichts dürfen wir in unserer Muttersprache sprechen.
7. Außerhalb unserer Schule funktioniert das Internet leider nicht.
8. Innerhalb des Krankenhauses müssen die Ärzte weiße Kittel tragen.
9. Innerhalb der Schule darf man nicht rauchen.
10. Angesichts der steigenden Preise können sich die Verbraucher immer weniger leisten.
11. Angesichts der steigenden Exporte verdient unsere Industrie immer mehr Geld.
12. Angesichts der neuen Tatsachen muss ich diesen Termin absagen.
13. Angesichts Ihres Antrags müssen wir unsere Entscheidung ändern.
14. Anhand der Anleitung kann ich meinen neuen Computer selbst installieren.

Übung 18

1. Es ist wunderbar, dass du mich endlich mal besuchst.
2. Ich denke, dass du ein guter Mensch bist.
3. Ich glaube, dass Frau Müller eine sehr sympathische Person ist.
4. Ich meine, dass ich Herrn Schmitz seit zwei Monaten nicht gesehen habe.
5. Ich glaube, dass dieser Mann Architekt von Beruf ist.
6. Ich hoffe, dass du mir behilflich sein kannst.
7. Er sagt, dass er an diesem Wochenende keine Zeit hat.
8. Es ist kaum zu glauben, dass du in der Lotterie gewonnen hast.
9. Ich hoffe, dass ich die deutsche Grammatik bald gut verstehe.
10. Ich glaube, dass ich diesen Mann schon mal gesehen habe.

11. Er sagt, dass er diesen Schauspieler nicht mag.
12. Ich glaube, dass ich dieses Lied schon mal gehört habe.
13. Ich glaube, dass ich diesen Film schon gesehen habe.
14. Es ist wunderbar, dass ich endlich alles verstehe.
15. Ich denke, dass Köln eine schöne und saubere Stadt ist.
16. Sandra sagt, dass sie ihre gemütliche Wohnung liebt.
17. Ich glaube, dass Richard Wagner der beste deutsche Komponist des 19. Jahrhunderts ist.
18. Ich glaube, dass Helene Fischer die populärste deutsche Sängerin ist.
19. Ich glaube, dass Anna Netrebko die beste Opernsängerin der Welt ist.
20. Ich glaube, dass Deutschland eine gut funktionierende Demokratie ist.
21. Mein Sohn sagt, dass er ein neues Handy braucht.
22. Mein Arzt sagt, dass ich keine Süßigkeiten essen darf.
23. Die Lehrerin sagt, dass wir für das Wochenende viel Hausaufgabe bekommen.
24. Es ist großartig, dass ich jetzt alles verstehe.

Übung 19

1. Ich freue mich auf den Weihnachtsurlaub mit meiner Familie. - Worauf freust du dich?
2. Ich unterhalte mich gern mit meinem lieben Onkel Walter. - Mit wem unterhältst du dich gern?
3. Ich spiele gern mit meinem neuen Handy. - Womit spielst du gern?
4. Meine attraktive Chefin achtet sehr auf ihre Haare. - Worauf achtet deine attraktive Chefin sehr?
5. Die EU-Abgeordneten engagieren sich für die Rechte der Kinder . - Wofür engagieren sie sich?
6. Ich freue mich auf den Wellnessurlaub im nächsten Jahr. - Worauf freust du dich?
7. Ich bewerbe mich um einen neuen Job bei der Stadt Köln. - Worum bewirbst du dich?
8. Jens denkt oft an seine Eltern, die in Chemnitz wohnen. - An wen denkt Jens oft?
9. Wir warten seit 20 Minuten auf den ICE aus Hamburg. - Worauf wartet ihr?
10. Wir unterhalten uns gern mit unserem lieben Lehrer über die Geschichte von Preußen. Mit wem unterhaltet ihr euch gern und worüber?
11. Du denkst oft an deine Kinder. - An wen denke ich oft?
12. Meine liebe Oma hat sich immer um mich gekümmert. - Um wen hat sich deine Oma gekümmert?
13. Ich mache mir immer große Sorgen um meine Eltern. - Um wen machst du dir Sorgen?
14. Mein Energiegetränk besteht aus Wasser und Saft. - Woraus besteht dein Energiegetränk?
15. Ich chatte oft mit meinen Freunden, die auf Mallorca wohnen. - Mit wem chattest du oft?
16. Sebastian bereitet sich auf sein Staatsexamen in Jura vor. - Worauf bereitet sich Sebastian vor?
17. Walter hofft auf eine gute Zukunft für seine Kinder und Enkelkinder. - Worauf hofft Walter?
18. Klaus wartet im Theater auf seine Eltern. - Auf wen wartet Klaus?
19. Sophie wartet schon eine halbe Stunde lang auf ihre Bahn. - Worauf wartet Sophie?
20. Ich denke oft an die Zukunft meiner Kinder. - Woran denkst du oft?
21. Ich hoffe auf sonniges Wetter am Wochenende. - Worauf hoffst du?
22. Ich sende eine Mail an meine Hausverwaltung. - An wen sendest du die Mail?
23. Meine Mutter engagiert sich für die Schule, in der sie seit 20 Jahren arbeitet. - Wofür engagiert sich deine Mutter?
24. Wir fahren mit dem Taxi zum Flughafen. - Womit fahren wir zum Flughafen?
25. Ich habe gestern mit meinem Vermieter telefoniert. - Mit wem hast du telefoniert?
26. Ich telefoniere oft mit meiner lieben Schwiegermutter. - Mit wem telefonierst du oft?
27. Meine Lebensgefährtin achtet sehr auf ihren Körper und auf ihre Ernährung. - Worauf achtet deine Lebensgefährtin?
28. Ich interessiere mich für zeitgenössische Kunst. - Wofür interessierst du dich?
29. Mein Arzt sagt, ich muss besser auf meine Haut achten. - Worauf musst du besser achten?
30. Claudia bereitet sich auf die Prüfung vor. - Worauf bereitet sich Claudia vor?
31. Ich träume von einem gemütlichen Haus am See. - Wovon träumst du?
32. Hildegard sehnt sich nach ihrer Tochter. - Nach wem sehnt sich Hildegard?
33. Ich warte zu Hause auf meine Frau. - Auf wen wartest du?
34. Ich warte auf den Anruf meines Anwalts. - Worauf wartest du?
35. Udo sehnt sich nach seinem Zwillingsbruder. - Nach wem sehnt sich Udo?
36. Ich sende einen Brief an das Finanzamt. - An wen (wohin) sendest du den Brief?
37. Thilde sendet einen Brief an ihre Großmutter. - An wen sendet Thilde einen Brief?
38. Ich unterhalte mich ungern über die heutige Flüchtlingspolitik. - Worüber unterhältst du dich ungern?

Übung 20

1. Das ist ein Kind, eine Lehrerin, ein Mädchen, mein Sohn, meine Frau, unsere Tochter, seine Tochter, mein Bruder, dein Bruder, sein Hund, meine Katze.
2. Du telefonierst mit einer Frau, meiner Frau, einem Mädchen, einer Nachbarin, meiner Nachbarin, seiner Nachbarin, einer Kollegin, einem Freund, unserem Vater.

3. Ich sehe einen Mann, einen Lehrer, eine Frau, ein Kind, einen Nachbarn, eine Nachbarin, eine Lehrerin, einen Freund, eine Freundin, ein Mädchen, einen Politiker, einen Schauspieler, eine Sportlerin, einen Sänger, einen Verkäufer, eine Kassiererin.

4. Das ist ein Haus, eine Wohnung, mein Haus, sein Haus, mein Büro, sein Büro, meine Schule, seine Schule, ein Geschäft, meine Wohnung, unsere Schule, meine Universität, mein Auto, meine Frau.

5. Du fährst mit einem Fahrrad, mit dem Fahrrad, mit einem Bus, mit dem Bus, mit der U-Bahn, mit einem ICE, mit dem Auto, mit dem Taxi.

6. Er telefoniert mit seiner Mutter, mit seiner Schwester, mit unseren Eltern, mit seinem Chef, mit seiner Chefin, mit ihrem Bruder, mit einem Freund, mit unserem Onkel, mit einem Kollegen, mit einem Handwerker, mit einem Arzt, mit seiner Ärztin, mit unserem Sohn.

7. Er geht mit seinem Kind und seiner Frau ins Theater.

8. Das ist mein Sohn und das ist meine Tochter.

9. Wir fliegen mit dem Flugzeug in den Urlaub.

10. Du fährst mit dem Auto von der Schule nach Hause und ich fahre mit der Bahn von der Schule nach Hause.

11. Das ist unser Lehrer und ich spreche mit meinem Lehrer über das Wetter.

12. Sie telefoniert mit ihrer Schwester und mit ihrem Bruder.

13. Nach der Arbeit gehe ich mit meiner Schwester zu meinem Bruder.

14. Er trifft sich mit seinem Freund, mit seiner Kollegin, mit seiner Tante, mit seinem Opa.

15. Das ist mein Haus, ein Theater, ein Museum, eine Disco, eine Bar, mein Mann, mein Vater, meine Kollegin, meine Nichte, meine Schwester, meine Cousine, mein Schwager, mein Kollege.

16. Er geht in den Park, in die Schule, ins Theater, ins Museum, in die Kneipe.

17. Er kommt aus dem Theater, aus dem Kaufhaus, aus der Schule, aus der Türkei, aus Spanien, aus der Ukraine, aus Bayern, aus der Slowakei, aus Tschechien, aus Frankreich, aus dem Iran, aus Polen, aus Indien.

18. Sie kommt aus Spanien, aus Magdeburg, aus der Mongolei, aus Niedersachsen, aus dem Irak, aus Köln.

19. Ich gebe meinem Bruder, meiner Schwester, meinem Sohn, meinem Vater, meinem Schüler, meiner Schülerin, meinem Freund, meiner Freundin, meiner Tochter, meiner Kollegin, meinem Vater, meinem Bruder ein Exemplar des Buches.

20. Das ist mein Onkel und ich spreche mit meinem Onkel über das Wetter, über seine Frau und über seinen Job.

21. Nach dem Abendessen gehen wir ins Wohnzimmer zum Fernsehen.

22. Die Müllers gehen mit ihrer Tochter und mit ihrem Hund in den Park.

23. Sie gehen mit ihren Kindern und mit ihren Großeltern spazieren.

24. Das Buch liegt auf dem Tisch im Wohnzimmer.

25. Er arbeitet auf einer Baustelle in der Nähe von Leipzig.

26. Du kommst aus der Slowakei und fliegst mit deinem Sohn und mit deiner Tochter nach Spanien.

27. Meine Brille liegt in der Tasche meiner Frau im Wohnzimmer.

28. Ich gehe jetzt mit meinem Freund ins Kino und danach zum Hauptbahnhof.

29. Du fährst mit dem Fahrrad und ich fahre mit dem Taxi.

30. Er telefoniert mit seinem Vater aus dem Büro und sein Vater telefoniert aus dem Krankenhaus.

31. Nach dem Büro fahre ich mit meiner Frau zum Kindergarten.

32. Ich gehe mit meiner Tochter und mit meinem Sohn zum Konzert.

33. In unserer Wohnung essen wir einen Salat mit Brot und mit Wurst.

34. Nach dem Abendessen gehen wir in die Disco und nach der Disco gehen wir ins Bett.

35. Meine Freundin kommt aus der Türkei und sie sagt, dass das Wetter in der Türkei immer gut ist.

36. Wir fliegen in die Slowakei. In der Slowakei ist das Wetter auch überwiegend schön.

37. Ich komme aus Spanien, Elisa kommt aus Italien und Özlem kommt aus der Türkei.

38. Ist das Wetter in der Türkei auch immer gut? – Ja, in der Türkei ist das Wetter immer gut.

39. Die Familie Schmitz kommt aus Deutschland und die Familie Bürlikofer kommt aus der Schweiz.

40. Die Vase steht auf dem Tisch, auf dem Boden, unter dem Tisch, auf der Kommode.

41. Die Tasche liegt auf dem Tisch, auf dem Boden, unter dem Tisch, auf dem Sofa, auf dem Sessel, auf der Konsole.

42. Ich lege das Handy auf den Tisch, auf den Boden, in die Tasche, in den Schrank.

43. Meine Kreditkarte liegt in der Tasche, in der Schublade, auf dem Tisch, auf dem Nachttisch.

44. Ich lege meine Kreditkarte auf den Tisch, in die Tasche, auf den Nachttisch.

45. Mein Schlüssel liegt in der Tasche, in der Schublade.

46. Ich lege meinen Schlüssel in die Tasche, in die Schublade, auf den Tisch.

47. Der Hund liegt auf dem Sofa, auf dem Bett, im Bett, unter dem Sofa.

48. Meine Wohnung hat einen Balkon.

49. Nahe bei meinem Haus ist ein Garten mit einem Schwimmbad.

50. Ich fahre mit meinem Auto in die Schweiz und Tarkan fliegt mit dem Flugzeug in die Türkei.

51. Wir sprechen mit unserer Nachbarin und mit unserem Hausmeister über unseren neuen Nachbarn.

52. Ich hänge das Bild an die Wand und mein Foto hängt jetzt schon an der Wand.

53. Ich hänge den Zettel an die Tür und mein Name steht an der Tür.

54. Wir fliegen mit dem Flugzeug nach Spanien zu unserem Onkel Carlos.

55. Er spricht mit seinem Lehrer in der Schule.

56. Ich sehe meine Lehrerin dort drüben im Park.

Übung 21

1. Gestern hatten wir in unserem neuen Büro eine kleine Einweihungsfeier. Alle meine Kolleginnen und Kollegen waren da. Zusammen waren es ca. 40 Personen.
2. Barbara, hast du heute Morgen Zeit? - Ja, für dich habe ich immer Zeit.
3. Unsere Oma hat erst in zwei Wochen Geburtstag, aber wir haben jetzt schon ein ganz tolles Geschenk für sie.
4. Wann wart ihr im neu eröffneten Opernhaus? - Am letzten Wochenende. Der Abend war hervorragend und die Musik war unvergesslich.
5. Ich war noch niemals in Oldenburg. Ich war überhaupt noch nie in Niedersachsen.
6. Bist du heute Abend zu Hause? - Ja, ich bin zu Hause.
7. Warst du schon mal in Magdeburg? - Ja, ich war dort mit meinem Bruder vor zwei Jahren. Es war großartig.
8. Gestern war Klaus bei mir. Er hatte Fotos von seinem Abiball dabei.
9. Meine Geburtstagsparty war einfach klasse, aber heute bin ich fix und fertig.
10. Herr Sterk, waren Sie schon im neuen Museum am Neumarkt? - Nein, ich war leider noch nicht dort, ich hatte bis jetzt keine Zeit dafür.
11. Am nächsten Wochenende hat meine Frau Geburtstag und ich bin leider nicht zu Hause. Ich habe dann leider eine Dienstreise zu machen.
12. Liebe Stefanie, wir sind am zweiten Juni in Bremen und würden dich gerne besuchen. Hast du da Zeit für uns?
13. Wir waren schon lange nicht mehr in Garching. Früher waren wir jeden Sommer im Haus unserer Eltern. Jetzt haben wir leider keine Zeit dazu.
14. Das Konzert gestern in der Philharmonie war überwältigend. Wir hatten viel Freude an der Musik.
15. Wolfgang, bist du morgen Nachmittag im Büro? Ich habe eine wichtige Frage an dich.
16. Guten Tag, haben Sie heute einen Termin bei Herrn Doktor Müller? - Ja, ich habe einen Termin um 10.30 Uhr.
17. In seiner Heimat hatte Stefano viele Freunde. Jetzt, in Deutschland, hat er leider noch nicht so viele Kontakte.
18. Ich hatte gestern schreckliche Kopfschmerzen. Heute bin ich wieder fit.
19. Gestern waren wir in München, es war wunderschön sonnig. Und heute sind wir wieder in Kiel und es ist wieder dunkel und nass.
20. Ich weiß nicht, warum ich heute so fröhlich bin. Gestern hatte ich den ganzen Tag schlechte Laune.
21. Ich war am letzten Wochenende zum ersten Mal auf einer Karnevalssitzung. Die Sitzung war sehr interessant und selbstverständlich sehr lustig.
22. Hast du heute Zeit für mich? Ich würde mit dir gerne etwas Wichtiges besprechen.
23. Mit diesem Thema habe ich keine Probleme mehr.
24. Die mündliche Prüfung haben wir am nächsten Montag. Die schriftliche Prüfung hatten wir gestern und sie war sehr schwer.
25. Wegen meiner Arbeit habe ich so wenig Zeit für meine Kinder.
26. Wo warst du gestern Abend? - Ich war den ganzen Abend auf einer Betriebsfeier.
27. Christian, hast du heute Abend Zeit? - Ja, ich habe Zeit.
28. Übermorgen hat meine Tochter Geburtstag. Ich habe leider noch kein Geschenk für sie.
29. Wann wart ihr in der Philharmonie? - Am letzten Wochenende. Der Abend war sehr interessant und die Musik war grandios.
30. Ich war noch niemals in Stuttgart. Ich war überhaupt noch nie in Baden-Württemberg.
31. Bist du heute Abend zu Hause? - Ja, ich bin zu Hause, aber ich habe leider keine Zeit, ich muss meinen Koffer für die morgige Dienstreise packen.
32. Warst du schon mal am Ammersee? - Ja, ich war vor zwei Jahren mit meinem Bruder dort. Es war herrlich.
33. Ich war am letzten Wochenende in Füssen und habe Schloss Neuschwanstein besichtigt. Es war sehr interessant.
34. Hast du heute Zeit für mich? Ich würde dich gerne zum Eis-Essen einladen.
35. Für einen großen und leckeren Becher Eis habe ich immer Zeit.
36. Mit den Verben ‚haben' und ‚sein' haben wir keine Probleme mehr. Jetzt sind wir richtig glücklich.

Übung 22

1. Hallo lieber Jens, wie geht es dir?
2. Es wäre gut, wenn ...
3. Hallo liebe Freunde, wie geht es euch?
4. Sehr geehrte Damen und Herren,
5. Was würdest du vorschlagen?
6. Sehr geehrter Herr Müller,
7. Ich habe eine Bitte an dich.
8. Ich habe eine Frage an Sie.
9. Wie geht es dir? Wir haben uns so lange nicht gesehen.
10. Wie geht es dir, was gibt es Neues?
11. Mit herzlichen Grüßen
12. Mit lieben Grüßen
13. Mit freundlichen Grüßen
14. Ich wende mich an dich, weil ich ein Problem habe.

15. Ich wende mich an Sie, weil ich eine Frage habe.
16. Ich wende mich an Sie, weil ich eine Bitte habe.
17. Sie erreichen mich telefonisch unter dieser Nummer: 01234567.
18. Bitte senden Sie mir alle Informationen per E-Mail.
19. Meine E-Mail-Adresse lautet: .....@.....de
20. Ich bedanke mich bei Ihnen für Ihre Hilfe.

Übung 23

1. Ich möchte wissen, ob du mich am Wochenende besuchst.
2. Ich möchte wissen, wann der Unterricht zu Ende ist.
3. Ich möchte wissen, ob Stefan heute kommt.
4. Ich möchte wissen, ob du mir am Wochenende hilfst.
5. Ich möchte wissen, ob du am Freitagabend Zeit hast.
6. Ich möchte wissen, ob Klaus verheiratet ist.
7. Ich möchte wissen, wie oft Tim ins Fitnessstudio geht.
8. Ich möchte wissen, wann der Film beginnt.
9. Ich möchte wissen, was du heute Abend kochst.
10. Ich möchte wissen, ob du mit meinem Vorschlag einverstanden bist.
11. Ich möchte wissen, ob du die Kinokarten schon gekauft hast.
12. Ich möchte wissen, wie das Wetter am Wochenende wird.
13. Ich möchte wissen, ob du die Frauenkirche in München schon besichtigt hast.
14. Ich möchte wissen, ob du dieses grammatikalische Problem verstehst.
15. Ich möchte wissen, warum du heute so schlecht gelaunt bist.
16. Ich möchte wissen, wann du Urlaub hast.
17. Ich möchte wissen, wie oft du ins Schwimmbad gehst.
18. Ich möchte wissen, wo du diese tolle Jeans gekauft hast.
19. Ich möchte wissen, wann der Winter endlich vorbei ist.
20. Ich möchte wissen, ob du die Grammatik mit dem Genitiv schon verstehst.

Übung 24

1. Lieber Herr Müller, wir halten Sie über den weiteren Verlauf unserer Verhandlungen auf dem Laufenden.
2. Unser Personalmanager behauptet, dass wir jetzt nur noch drei Bewerber in der engeren Auswahl haben.
3. Wir drücken Ihnen die Daumen, dass es mit Ihrer Bewerbung diesmal klappt.
4. Wenn man zu viele Optionen hat und sich nicht entscheiden kann, dann nennt man es die Qual der Wahl.
5. Viele hochqualifizierte Arbeitskräfte kehren ihren Heimatländern den Rücken und kommen zum Arbeiten nach Deutschland.
6. Du musst mit diesem langen Projekt endlich fertig werden, früher oder später musst du es über die Bühne bringen.
7. Sowohl in einer Beziehung als auch auf dem Arbeitsplatz sollte man immer offen über Probleme reden. Unangenehme Sachen unter den Teppich zu kehren, bringt nichts.
8. Meine Mama fragt mich immer, wann ich endlich mit dem Studium fertig werde. Ich bin jetzt im zehnten Semester und möchte auch selbst mein Studium endlich über die Bühne bringen.
9. Mein Bruder und seine Frau haben große Probleme in ihrer Beziehung. Über die Probleme reden sie nie. Sie versuchen alle negativen Erlebnisse unter den Teppich zu kehren.
10. Unser Sohn ist 15 Jahre alt und er ist das erste Mal in seinem Leben alleine ins Ausland geflogen. Wir machen uns große Sorgen um ihn, aber er hat uns versprochen, uns mehrmals am Tag anzurufen und uns auf dem Laufenden zu halten.
11. Wenn ich mit meiner Frau zum Einkaufen gehe, kann sie sich stundenlang für nichts entscheiden, immer hat sie die Qual der Wahl.
12. Unter allen diesen schönen Taschen muss ich mich für nur eine entscheiden! Also erst mal bleiben von zehn Taschen nur zwei in der engeren Auswahl.
13. Diese nette Kollegin arbeitet nicht mehr für unsere Firma. Bei der Konkurrenz verdient sie das Doppelte. Uns hat sie leider den Rücken gekehrt.
14. Du hast einen Fehler begangen. Erzähl mir doch alles. Die peinlichen, bedauernswerten Dinge unter den Teppich zu kehren, macht die Situation nicht besser.

Übung 25

1. Besser später als nie.
2. Kleider machen Leute.
3. In der Kürze liegt die Würze.
4. Arbeit ist das halbe Leben.
5. Aus den Augen, aus dem Sinn.

6. Bellende Hunde beißen nicht.
7. Das Leben ist kein Wunschkonzert.
8. Kommt Zeit, kommt Rat.
9. Keine Antwort ist auch eine Antwort.
10. Die Kirche im Dorf lassen.

Übung 26

1. Die Soße war so scharf, dass ich nach Luft schnappen musste.
2. Ich bin so dick geworden, dass ich in meine Jeans nicht mehr reinpasse.
3. Nach dem langen Test war er so erschöpft, dass er fast auf dem Stuhl eingeschlafen ist.
4. Die Handtasche meiner Mutter ist immer so voll, dass nichts mehr reinpasst.
5. Der neue Film ist so spannend, dass wir ihn am nächsten Wochenende nochmal sehen möchten.
6. Die Wegbeschreibung ist so ausführlich, dass man keine Angst haben muss zu spät zu kommen.

Übung 27

1. Er richtet sich nach seinem Bruder.
2. Ich richte mich immer nach meiner Chefin.
3. Mein Vater richtet sich fast immer nach meiner Mutter.
4. Er bewirbt sich um (auf) eine neue Arbeitsstelle.
5. Du bewirbst dich um den neuen Job.
6. Wir engagieren uns für soziale Projekte.
7. Mein Schwiegervater engagiert sich für verschiedene Integrationsorganisationen.
8. Ich kümmere mich um meine kranke Oma.
9. Tim kümmert sich um seinen alten Hund.
10. Meine Mutter kümmert sich um ihre alte Mutter.
11. Ralf und Udo kümmern sich um ihren alten Vater.
12. Ich interessiere mich für klassische Musik.
13. Stefan und Lara interessieren sich für asiatische Kunst.
14. Roopika interessiert sich für indische Filme.
15. Interessieren Sie sich für mittelalterliche Malerei?
16. Ich bin mir ziemlich sicher, ich kann mich auf meinen Schwager verlassen.
17. Meine Mutter ist der Auffassung, dass ich mich in meinem Leben nur auf sie verlassen kann.
18. Ich denke, ich kann mich nur auf meine Eltern verlassen.
19. Wir beziehen uns auf Ihren Brief vom 12.12.20.... .
20. In Ihrem Schreiben beziehen Sie sich auf die Informationen der Verbraucherzentrale.
21. Meine Frau bereitet sich auf die B2-Prüfung vor.
22. Klaus bereitet sich auf die Präsentation vor.
23. Ich sehne mich nach dir.
24. Viele Flüchtlinge sehnen sich nach ihren Heimatländern.
25. Robert streitet sich fast jeden Tag mit seinem Bruder.
26. Wir streiten uns ziemlich oft mit unserem Hausmeister.
27. Wir bedanken uns bei unserem Vermieter für seine Hilfe.
28. Ich bedanke mich bei Frau Pallandt für die Unterstützung.
29. In dieser Situation richte ich mich nach dir.
30. Er hat sich in seine Lehrerin verliebt.
31. Du hast dich in deinen Arbeitskollegen verliebt.
32. Wir erkundigen uns nach dem Reiseangebot.
33. Du erkundigst dich nach den Preisen für die Reise.
34. Silke beschwert sich über den Lärm im Treppenhaus.
35. Wir beschweren uns über die lauten Nachbarn.
36. Stefan interessiert sich für Architektur.
37. Meine Sachbearbeiterin bezieht sich in ihrem Brief auf die neuen Gesetze.
38. Ich unterhalte mich mit meinen Freunden über Reisen ins Ausland.

Übung 28

1. Köln ist größer als Düsseldorf, Berlin ist am größten.
2. Die neugierigen Schüler fragen den Lehrer, ob sie nächste Woche Unterricht in der Schule haben oder einen Ausflug machen.
3. Als ich letztes Jahr in Rom war, habe ich mich mit einer netten, italienischen Dame unterhalten.
4. Wir sind immer so erschöpft, weil wir viel arbeiten.

5. Meine Mutter fragt mich, ob ich zurzeit viel arbeite.
6. Wir bereiten uns auf die Prüfung vor, deswegen lernen wir jeden Tag viele Verben mit Präpositionen.
7. Es ist toll, dass wir in so einem demokratischen Land wie Deutschland leben.
8. Während ich im Büro sitze, ist meine Frau in einem Spa-Center und entspannt sich.
9. Ich habe leider keine Kinder. Ich habe weder eine Tochter noch einen Sohn.
10. Wegen der schwierigen, politischen Situation im Osten kommen viele Flüchtlinge nach Deutschland.
11. Ich würde gerne wissen, ob Herr Thomson gebürtig aus Schottland kommt.
12. Ich diskutiere gern über die aktuelle politische Lage in der EU.
13. Ich habe in meiner Firma keine Probleme, weder mit meinem Chef noch mit meinen Kollegen.
14. Ich würde so gern in Barcelona leben, aber leider ist es unmöglich.
15. Bei meinem Computer sind mittlerweile alle Geräte kaputt, sowohl die Tastatur als auch die Maus.
16. Sandra liebt Komödien, während (wohingegen) ihr Mann Thomas gerne Actionfilme ansieht.
17. Unser Kühlschrank ist leer, obwohl meine Frau vorgestern so viel eingekauft hat.
18. Ich lebe jetzt seit fünf Jahren in Köln und die Stadt gefällt mir gut, trotzdem denke ich oft an meine Heimatstadt München.
19. Wenn ich in der Lotterie viel Geld gewinnen würde, würde ich mir ein Haus in Sardinien kaufen.
20. Wenn das Wetter am Wochenende schön wäre, würden wir an den See fahren.
21. Ich freue mich schon darauf, dass meine Eltern mich am Wochenende besuchen werden.
22. Ich habe große Angst davor, alt und hilflos zu werden.
23. Das ist die Stadt, in der ich gerne wohne.
24. Ich bedanke mich immer bei meinen Eltern für die schöne Kindheit und für die gute Ausbildung, die sie mir ermöglicht haben.
25. Ich bin so müde, weil ich zu spät ins Bett gegangen bin.
26. Ich freue mich schon darauf, dass mein Sprachkurs bald vorbei ist.
27. Während Elke die Arbeit am Schreibtisch liebt, kann Peter im Sitzen nicht gut arbeiten.
28. Unser Lehrer fragt uns oft, ob wir alles verstanden haben.
29. Der Kaffee ist so heiß, dass ich ihn nicht trinken kann.
30. Ich lerne jeden Tag, trotzdem verstehe ich noch nicht alles.

Übung 29

1. Während der letzten zehn Tage musste er mehr arbeiten als sonst, weil in seiner Firma viele Mitarbeiter krank sind.
2. Obwohl er in der Nähe seiner Eltern wohnt, unterhält er sich mit ihnen sehr selten, weil er zurzeit viel um die Ohren hat.
3. Trotz der guten Vorbereitung auf diese Prüfung ist er leider in (bei) der Prüfung durchgefallen.
4. Je mehr ich lerne, desto mehr verstehe ich, deswegen (deshalb) lerne ich jeden Tag zehn Stunden lang.
5. Der Fahrgast erkundigt sich am Infopoint nach der Abfahrt des Zuges.
6. Es wäre bestimmt viel besser gewesen, wenn wir die Flugtickets bereits vor sechs Monaten bestellt hätten.
7. Wir könnten uns auf Folgendes einigen: Ich beantworte die E-Mails und du kümmerst dich um die Vorbereitungen für die morgige Veranstaltung.
8. Meine Frau ist seit vielen Jahren als Lehrerin tätig und sie ist nach wie vor mit ihrer Tätigkeit zufrieden.
9. Der Apotheker ist verpflichtet alle Kunden auf die Nebenwirkungen dieser Tabletten hinzuweisen.
10. Wenn du weiterhin nichts lernst, wirst du dein Studium nie über die Bühne bringen.
11. Während wir eine Übung schreiben, sitzt unser Lehrer nur da, langweilt sich und schreibt eine SMS an seine Mutter.
12. Während des Unterrichts langweilen wir uns nie.
13. Trotz des guten Wetters bleibe ich im Büro, weil ich mich auf eine Präsentation vorbereiten muss.
14. Nachdem er mich angerufen hatte, erzählte er mir alles über seine Reise in die Ukraine.
15. Ich wende mich an Sie, weil ich eine wichtige Frage habe.
16. Obwohl wir während des Unterrichts viele Übungen machen, haben wir noch einige Probleme mit dem Genitiv.
17. Ich interessiere mich seit vielen Jahren für die mittelalterliche Kunst, deshalb gehe ich oft mit meinen Freunden in verschiedene Museen.
18. Während des Unterrichts dürfen wir weder in unserer Muttersprache sprechen noch mit dem Handy spielen.
19. Unser Lehrer sagt immer, dass wir uns auf das Lernen konzentrieren sollen und nicht auf Gespräche über Partys.
20. Ich bedanke mich immer bei den Menschen, die mich unterstützen.
21. Du wirst in Deutschland keinen guten Job finden, ohne dass du gut Deutsch sprichst.
22. Du kannst in Deutschland keinen guten Job finden, ohne gut Deutsch zu sprechen.
23. Man findet im Zentrum von München keine schöne Wohnung, ohne dass man extrem viel Geld für die Miete zahlen muss.
24. Man findet im Zentrum von München keine tolle Wohnung, ohne dafür viel Geld zu bezahlen.
25. Du kannst die Einreiseerlaubnis für die USA bekommen, indem du ein Visum beantragst.
26. Du kommst pünktlich zu deinem Termin, indem du eine Stunde früher aufstehst.

Übung 30

a. Mama backt den Kuchen.
1. Der Kuchen wird von Mama gebacken.
2. Der Kuchen wurde von Mama gebacken.

3. Der Kuchen ist von Mama gebacken worden.

4. Der Kuchen war von Mama gebacken worden.

5. Der Kuchen muss (soll/kann/...) von Mama gebacken werden.

b. Wir unterschreiben den Vertrag.

1. Der Vertrag wird von uns unterschrieben.

2. Der Vertrag wurde von uns unterschrieben.

3. Der Vertrag ist von uns unterschrieben worden.

4. Der Vertrag war von uns unterschrieben worden.

5. Der Vertrag muss von uns unterschrieben werden.

c. Thomas organisiert das Seminar.

1. Das Seminar wird von Thomas organisiert.

2. Das Seminar wurde von Thomas organisiert.

3. Das Seminar ist von Thomas organisiert worden.

4. Das Seminar war von Thomas organisiert worden.

5. Das Seminar muss von Thomas organisiert werden.

d. Der Lehrer erklärt ein neues Thema.

1. Ein neues Thema wird vom Lehrer erklärt.

2. Ein neues Thema wurde vom Lehrer erklärt.

3. Ein neues Thema ist vom Lehrer erklärt worden.

4. Ein neues Thema war vom Lehrer erklärt worden.

5. Ein neues Thema muss vom Lehrer erklärt werden.

e. Wir schreiben einen Test.

1. Ein Test wird von uns geschrieben.

2. Ein Test wurde von uns geschrieben.

3. Ein Test ist von uns geschrieben worden.

4. Ein Test war von uns geschrieben worden.

5. Ein Test muss von uns geschrieben werden.

f. Ich sende eine Mail.

1. Eine Mail wird von mir gesendet.

2. Eine Mail wurde von mir gesendet.

3. Eine Mail ist von mir gesendet worden.

4. Eine Mail war von mir gesendet worden.

5. Eine Mail muss von mir gesendet werden.

g. Unsere Nachbarn stören uns.

1. Wir werden von unseren Nachbarn gestört.

2. Wir wurden von unseren Nachbarn gestört.

3. Wir sind von unseren Nachbarn gestört worden.

4. Wir waren von unseren Nachbarn gestört worden.

5. (Wir können von unseren Nachbarn gestört werden.)

h. Der Maler streicht die ganze Wohnung.

1. Die ganze Wohnung wird vom Maler gestrichen.

2. Die ganze Wohnung wurde vom Maler gestrichen.

3. Die ganze Wohnung ist vom Maler gestrichen worden.

4. Die ganze Wohnung war vom Maler gestrichen worden.

5. Die ganze Wohnung muss vom Maler gestrichen werden.

i. Herr Schmitz sendet eine wichtige Mail.

1. Eine wichtige Mail wird von Herrn Schmitz gesendet.

2. Eine wichtige Mail wurde von Herrn Schmitz gesendet.

3. Eine wichtige Mail ist von Herrn Schmitz gesendet worden.

4. Eine wichtige Mail war von Herrn Schmitz gesendet worden.

5. Eine wichtige Mail muss von Herrn Schmitz gesendet werden.

j. Frau Stüwe beantwortet die Anfrage.

1. Die Anfrage wird von Frau Stüwe beantwortet.

2. Die Anfrage wurde von Frau Stüwe beantwortet.

3. Die Anfrage ist von Frau Stüwe beantwortet worden.

4. Die Anfrage war von Frau Stüwe beantwortet worden.

5. Die Anfrage muss von Frau Stüwe beantwortet werden.

Übung 31

1. Die Politiker müssen ihre Versprechen einhalten, wenn sie wiedergewählt werden wollen.
2. Menschen ohne Arbeit und ohne Einkommen können die Sozialhilfe in Anspruch nehmen.
3. Die Firma MMMMM GmbH, bei der ich mich beworben habe, hat mir leider eine Absage erteilt.
4. Wer soziale Leistungen und Kindergeld beansprucht, muss einen Antrag beim zuständigen Jobcenter stellen.
5. Bei den regelmäßigen Zahlungen der Miete an den Vermieter können Sie der Bank einen Dauerauftrag erteilen.

6. Ich habe den Fehler begangen, meiner Frau nichts von dem Konflikt mit ihrem Bruder zu erzählen.
7. Jedes Jahr treten in unserem Land Hunderte von neuen Gesetzen in Kraft.
8. Herr Meier, Ihre Bemerkung nehme ich zur Kenntnis.
9. Die Politiker führen seit Jahren Friedensgespräche.
10. Sobald Ihre Bestellung bei uns eingegangen ist, setzen wir uns mit Ihnen sofort in Verbindung.
11. Ich bekomme jede Woche von meinem Chef neue Aufgaben, ich fühle mich mittlerweile richtig unter Druck gesetzt.
12. Herr Schindler, in diesem Schreiben nehmen wir Bezug auf Ihre Anfrage von voriger Woche.
13. Meine neue Firma ist sehr mitarbeiterfreundlich. Sie stellt mir sowohl ein Auto als auch ein Handy zur Verfügung.
14. Bei allen Fragen stehe ich Ihnen gerne zur Verfügung.
15. Wenn ich in einem ‚all inclusive'-Hotel bin, nehme ich dort alles in Anspruch.
16. Ich habe nicht gewusst, dass am ersten Juni dieses Jahres neue Steuergesetze in Kraft getreten sind.
17. Sobald ich etwas Genaueres weiß, setze ich mich mit Ihnen sofort in Verbindung.
18. Die heutigen Kinder lernen mehr als wir damals vor 30 Jahren. Die meisten Kinder fühlen sich aber von den Lehrern unter Druck gesetzt.
19. Mit meiner unfreundlichen Hausverwaltung führe ich keine Gespräche mehr.
20. Wenn du schon einmal einen so großen Fehler gemacht hast und so richtig auf die Nase gefallen bist, dann solltest du diesen Fehler nicht nochmal begehen.

Übung 32

1. Unser neuer Direktor ist nett, aber er hat eine unangenehme, herrische Stimme.
2. Ich unterhalte mich ungern mit meiner neuen Kollegin, weil sie einen unfreundlichen, miesen Charakter hat.
3. In seiner alten Firma hatte er einen sicheren Arbeitsplatz. - In dem neuen Büro ist alles anders und viel komplizierter.
4. Er hat an einer berühmten, etablierten, alten Universität studiert und dazu noch bei einem bekannten Professor.
5. In Ihrer detaillierten Bewerbung gibt es nicht nur viele wichtige Informationen, sondern auch teilweise unnötige Angaben.
6. In seinen Akten gibt es zu seinem großen Bedauern viele pikante Hinweise.
7. Die alte Mitarbeiterin in seinem Büro ist eine zuverlässige Person.
8. Unser neues Büro befindet sich in einem neuen, futuristischen Gebäude, das von einem bekannten, italienischen Architekten entworfen wurde.
9. Er hat ein helles, gemütliches Büro, aber die modernen Lampen sind nicht wirklich schön.
10. Wir freuen uns auf unseren neuen, jungen Praktikanten. Er heißt Philipp und hat wohl an einer privaten Hochschule seinen exzellenten Abschluss bekommen.

Übung 33.1

1. Sie können einer Erkältung vorbeugen, indem Sie jeden Tag viel Obst und Gemüse essen, viel Sport treiben und sich möglichst lange an der frischen Luft aufhalten.
2. Sie können einer Erkältung vorbeugen dadurch, dass Sie jeden Tag Obst und Gemüse essen und viel Sport treiben.
3. Dadurch, dass ich sehr viel geübt habe, habe ich mit diesem Thema keine Probleme mehr.
4. Du kannst dieses Thema besser verstehen, indem du mehrere Übungen machst.
5. Mein Sohn hat die besten Ergebnisse in seiner Klasse dadurch, dass er jeden Tag unheimlich viel lernt.
6. Du erreichst die besten Resultate, indem du jeden Tag fleißig lernst.
7. Man bekommt eine gute und richtige Aussprache, indem man jeden Tag viel Radio hört und Filme in der Originalsprache sieht.
8. Dadurch, dass man jeden Tag ins Schwimmbad geht und lange schwimmt, nimmt man viel und schnell ab.
9. Man bekommt einen Waschbrettbauch, indem man auf eine gesunde, fettarme Ernährung achtet und viele Bauchübungen macht.
10. Man besteht die B2-Prüfung dadurch, dass man fleißig, motiviert und täglich lernt. Man sagt nicht umsonst: ohne Fleiß kein Preis.
11. Du bekommst schneller eine gute, deutsche Aussprache, indem du jeden Tag deutsche Lieder hörst.
12. Du kannst günstigere Flugtickets bekommen, indem du sie möglichst früh buchst.
13. Du findest einen guten Job dadurch, dass du ehrgeizig und zielstrebig lernst.
14. Du wirst schneller schlank, indem du weniger fettiges Essen isst und mehr Sport treibst.
15. Du bekommst bessere Noten dadurch, dass du jeden Tag fleißig lernst und immer die Hausaufgaben machst.
16. Du wirst weniger Akzent haben, indem du von Anfang an alle Buchstaben richtig aussprichst.
17. Du kannst günstige Tickets bekommen, indem du nicht im Reisebüro, sondern im Internet buchst.
18. Papa kommt früher nach Hause, indem er den ganzen Tag ohne Pause intensiv arbeitet.
19. Du wirst schneller abnehmen dadurch, dass du mehr Wasser trinkst und keine Süßigkeiten isst.
20. Du bekommst bessere Noten, indem du nie die Schule schwänzt.

Übung 33.2

1. Wir sind stolz auf unseren kleinen Sohn. Er kann mittlerweile gehen, ohne dass wir ihm helfen.
2. Nachdem ich mit dem Buch ‚Briefe schreiben B1-B2' geübt habe, kann ich jetzt Briefe schreiben, ohne dass meine Frau mir hilft.
3. Das Essen, das von meiner Frau zubereitet wird, schmeckt mir nicht, denn sie kocht immer, ohne es zu würzen.
4. Ich wundere mich über die Menschen, die Formulare unterschreiben, ohne sie zu lesen.
5. Meine Schwiegermutter schenkt mir immer Bücher, ohne mich vorher zu fragen, ob ich sie überhaupt haben will.
6. Herr Müller, machen Sie sich keine Sorgen. Ohne Sie zu fragen, unternehmen wir sowieso nichts.
7. Eine meiner Studentinnen, die immer so unfreundlich ist, antwortet ständig, ohne dass ich sie gefragt habe.
8. Man unterschreibt keinen Mietvertrag, ohne dass man die Wohnung vorher besichtigt hat.
9. Ich kann nicht einschlafen, ohne zu wissen, dass meine Tochter an ihrem Urlaubsort gut gelandet und im Hotel gut angekommen ist.
10. Herr Meier, wir können Ihnen keine Diagnose stellen, ohne dass wir Sie vorher gründlich untersucht haben.
11. Ohne viel zu arbeiten, verdient man sehr wenig.
12. Ohne jeden Tag zu lernen, bekommt man kein B2-Zertifikat.
13. Du wirst nicht gut verdienen, ohne dass du viel und fleißig arbeitest.
14. Ohne perfekt Deutsch zu sprechen, findet man keinen anspruchsvollen Job.
15. Du bekommst kein B2-Zertifikat, ohne dass du jeden Tag viel trainierst.
16. Du kannst nicht in die USA fliegen, ohne dass du vorher ein Visum beantragst.
17. Du kannst mich nicht so spät besuchen, ohne mich vorher darüber zu informieren.
18. Du darfst nicht mit dem Auto fahren, ohne vorher einen Führerschein zu machen.
19. Man bekommt in Deutschland keinen guten Job, ohne vorher gut Deutsch gelernt zu haben.
20. Du kannst in Deutschland niemanden besuchen, ohne dass jemand dich eingeladen hat.

Übung 34

1. Während des langen Fluges nach Madrid haben wir viel gelacht.
2. Innerhalb des Flugzeugs durfte man nicht rauchen.
3. Während des Fluges war es sehr heiß.
4. Trotz der starken Schlaftabletten konnte ich während des ganzen Fluges nicht einschlafen.
5. Wegen der Verspätung unseres Flugzeugs sind wir erst um 2 Uhr nachts in Madrid angekommen.
6. Während unserer Fahrt zum Hotel hatte ich kein Internet.
7. Wegen der hohen Tagestemperatur in Madrid habe ich stark geschwitzt.
8. Trotz der modernen Klimaanlage unseres Hotels war es einfach zu heiß.
9. Wegen der langen Anreise konnte ich nicht sofort einschlafen.
10. Wegen der lauten Nachbarn im Zimmer nebenan war ich während der ganzen Nacht wach.
11. Während unseres kurzen Aufenthalts in Madrid haben wir viele Sehenswürdigkeiten besichtigt.
12. Wir haben viel Interessantes gesehen, sowohl innerhalb des Zentrums als auch außerhalb des alten Stadtkerns.
13. Trotz des heißen Wetters hat uns die Reise gut gefallen.
14. Wegen der interessanten, netten Menschen und wegen des leckeren Essens ist Madrid immer eine Reise wert.
15. Trotz der vielen Unannehmlichkeiten während unserer Anreise würde ich diese Stadt gern wieder besuchen.
16. Wegen der südlichen Sonne in Madrid habe ich eine schöne Gesichtsfarbe bekommen.
17. Während meines nächsten Urlaubs möchte ich auch andere Städte innerhalb Spaniens besuchen.
18. Trotz meines strengen Chefs hoffe ich, dass ich möglichst bald wieder außerhalb Deutschlands etwas unternehmen kann.
19. Wegen meines schweren Jobs mit null Freizeit muss ich in den nächsten Monaten auf den Urlaub verzichten.

Übung 35

1. Ich hatte gestern keine Zeit für meine Familie, ich musste leider arbeiten. Heute muss ich Gott-sei-Dank nicht arbeiten, heute habe ich Zeit für meine Lieben.
2. Kannst du heute Abend zu mir kommen und mir helfen? – Nein, heute kann ich nicht kommen, ich muss heute bis 21 Uhr arbeiten.
3. Vor 25 Jahren mussten wir ein Visum haben, um nach Portugal zu fliegen. Heutzutage können wir ohne Visum in alle EU-Länder reisen. Für die USA jedoch müssen wir ein Visum haben.
4. Ich wollte gestern Abend mit meinen Kumpels ins Kino gehen, aber ich konnte nicht, weil ich arbeiten musste.
5. Heute habe ich Zeit und ich will (kann/möchte) mit dir etwas Schönes unternehmen.
6. Ich wollte am letzten Wochenende meine Eltern besuchen, aber ich konnte nicht, weil ich leider keine Zeit hatte.
7. Als Kind musste ich immer viel lernen und ich durfte leider nie mit meinen Freunden in die Disco gehen.
8. Meine Frau richtete mir viele Grüße von meiner Mutter aus und sagte, ich soll sie doch bitte anrufen. Sie will (möchte) uns am Wochenende besuchen.
9. Liebe Mutti, entschuldige, ich wollte dich gestern Abend anrufen, aber ich habe es vergessen.
10. Möchten Sie noch eine Tasse Tee haben? – Herzlichen Dank, ich möchte lieber ein Glas Wasser.

Um Ihre Schreibkompetenz weiter zu festigen, empfehle ich Ihnen folgende Bücher von mir:

Dr. Illya Kozyrev

Verlag: Books on Demand; Auflage: 2 (Januar 2019)
ISBN-13: 9 783 752 831 948

Briefe schreiben
Deutsch als Fremdsprache
Übungen für A2 und B1

Dr. Illya Kozyrev

Verlag: Books on Demand; Auflage: 1 (Oktober 2018)
ISBN-13: 9 783 748 111 979

Briefe schreiben – Teil 2
Deutsch als Fremdsprache - Übungen für A2 und B1

Dr. Illya Kozyrev

Verlag: Books on Demand; Auflage: 1 (Mai 2018)
ISBN-13: 9 783 752 862 973

Briefe schreiben B1 und B2

Deutsch als Fremdsprache
Übungen für Integrationskurse

Dr. Illya Kozyrev

Verlag: Books on Demand; Auflage: 1 (August 2018)
ISBN-13: 9 783 752 866 186

Mein Weg zur
Grammatik – B1

Übungen A2-B1 für Integrationskurse
Deutsch als Fremdsprache